# 铁路营业线电务施工
# 安全员、联络员、防护员培训教材

《铁路营业线电务施工安全员、联络员、
防护员培训教材》编委会◎编

中国铁道出版社有限公司

2020年·北 京

## 内 容 简 介

本书根据铁路营业线电务施工驻站(所)安全监督员、联络员、现场防护员的培训规范和作业指导书要求编写。全书共分七章,包括法律法规及安全规章知识、岗位任职条件及必备素质、安全风险控制、岗位作业标准、联络登(销)记、联络工具的使用及营业线施工安全管理的基本要求。书中结合具体案例介绍,贴近现场教学需求。

本书适用于铁路电务系统施工防护人员岗位培训和自学参考。

**图书在版编目(CIP)数据**

铁路营业线电务施工安全员、联络员、防护员培训教材/《铁路营业线电务施工安全员、联络员、防护员培训教材》编委会编.—北京:中国铁道出版社有限公司,2020.10

ISBN 978-7-113-27173-2

Ⅰ.①铁… Ⅱ.①铁… Ⅲ.①铁路通信-工程施工-岗位培训-教材 Ⅳ.①U282

中国版本图书馆CIP数据核字(2020)第147426号

**书　　名:铁路营业线电务施工安全员、联络员、防护员培训教材**

**作　　者:**《铁路营业线电务施工安全员、联络员、防护员培训教材》编委会

---

**责任编辑:**李嘉懿　徐　清　**编辑部电话:**(010)51873147　电子信箱:ljy_jtu@163.com

**封面设计:**高博越

**责任校对:**孙　玫

**责任印制:**高春晓

---

**出版发行:**中国铁道出版社有限公司(100054,北京市西城区右安门西街8号)

**网　　址:**http://www.tdpress.com

**印　　刷:**国铁印务有限公司

**版　　次:**2020年10月第1版　2020年10月第1次印刷

**开　　本:**880 mm×1 230 mm 1/32　印张:5　字数:151千

**书　　号:**ISBN 978-7-113-27173-2

**定　　价:**26.00元

---

# 编 委 会

**主　编：** 沈逢春　刘小敏　刘湘国

**副主编：** 王训恒　吴佳丽

**编　委：** 罗　霄　黄　静　易生兴　刘浩宇
严辉林　邓礼万　沈泽典　刘　勇
蒋启坚　宋超华　王小娟

**编　审：** 张俊兴　鲁志鹰　凌　浩

# 前　言

在铁路快速发展的背景下，铁路对营业线施工安全要求越来越高，从事施工、维修作业防护人员的资格性要求更加严格，为了进一步提高防护人员安全风险意识、安全工作的责任感，急需编写施工安全培训适用教材。近年来，编者通过对防护人员的工作性质和特点分析，结合电务系统安全监督员、驻站联络员、现场防护员（简称“三员”）培训规范和安全培训中的教学经验，编写了《铁路营业线电务施工安全员、联络员、防护员培训教材》，力求提高防护人员在施工、维修防护体系中把安全放在首位的安全意识，坚持安全第一、预防为主、综合治理的方针。

本书共分七章，围绕施工、维修、行车作业、人身安全防护，介绍了法律法规及安全规章知识、岗位任职条件及必备素质、安全风险控制、岗位作业标准、联络登销记、联络工具的使用及营业线施工安全管理的基本要求。为突出实用性，结合具体案例介绍，能满足防护人员在培训、自学过程中，系统地掌握防护工作的基本技能和基本要求，并附加了练习题供学员复习。

本书由沈逢春、刘小敏、刘湘国主编，王训恒、吴佳丽担任副主编并统稿，参编人员有罗霄、黄静、易生兴、刘浩宇、严辉林、邓礼万、沈泽典、刘勇、蒋启坚、宋超华、王小娟。本书由张俊兴、鲁志鹰、凌浩审稿。

本书在组织编写过程中，得到了中国铁路广州局集团有限公司职培部、电务部，湖南高速铁路职业技术学院，以及惠州、广州、肇庆、衡阳、长沙、怀化各电务段的大力支持，在此一并表示感谢。

因编者水平有限，书中难免有疏漏之处，恳请读者批评、指正。

编委会
2020年7月

# 目　录

# 第一章　法律法规及安全规章知识

我国铁路现行遵照执行的有关安全生产方面的法律法规有《中华人民共和国安全生产法》《铁路安全管理条例》，技术规章有《铁路技术管理规程》《广铁集团铁路营业线施工安全管理细则》等。

## 第一节　法律法规知识

### 一、安全生产法

《中华人民共和国安全生产法》是我国第一部关于安全生产领域的综合法律，是安全生产的基本法。《中华人民共和国安全生产法》规定了一系列基本原则和制度，也是铁路运输生产活动必须遵循的。

1．安全生产的基本方针：是"以人为本，坚持安全发展，坚持安全第一、预防为主、综合治理"的方针；是党和国家对安全生产工作总的要求，是安全生产工作的方向。

2．从业人员在安全生产方面的权利和义务有：

(1)未经安全生产教育和培训合格的从业人员，不得上岗作业。

生产经营单位应当建立安全生产教育和培训档案，如实记录安全生产教育和培训的时间、内容、参加人员以及考核结果等情况。

(2)从业人员发现直接危及人身安全的紧急情况时，有权停止作业或者在采取可能的应急措施后撤离作业场所。

生产经营单位不得因从业人员在紧急情况下停止作业或者采取紧急撤离措施而降低其工资、福利等待遇或者解除与其订立的劳动合同。

(3)从业人员在作业过程中，应当严格遵守本单位的安全生产规章制度和操作规程，服从管理，正确佩戴和使用劳动防护用品。

(4)从业人员应当接受安全生产教育和培训，掌握本职工作所需的安全生产知识，提高安全生产技能，增强事故预防和应急处理能力。

(5)任何单位或者个人对事故隐患或者安全生产违法行为,均有权向负有安全生产监督管理职责的部门报告或者举报。

3. 法律责任

在安全生产过程中,对负有安全生产的工作人员存在滥用职权、玩忽职守、徇私舞弊行为的,依法给予处分;构成犯罪的,依照刑法有关规定追究刑事责任。

## 二、铁路安全管理条例

为了加强铁路安全管理,保障铁路运输安全和畅通,保护人身安全和财产安全,国务院发布了《铁路安全管理条例》对铁路建设质量安全、铁路专用设备质量安全、铁路线路安全、铁路营运安全、监督检查、法律责任进行了明确规定。

### (一)安全保护区

安全保护区对铁路线路安全区的范围划定及保护,对铁路线路、铁路限界、桥梁、隧道的安全保护,对影响线路安全的施工行为进行了限制。对行人过道、通行规则、警示标志等做了明确的规定。

1. 设计开行时速 120 km 以上列车的铁路应当实行全封闭管理。按规定应在铁路用地范围内设置封闭设施和警示标志。

2. 禁止扰乱铁路建设、运输秩序。

3. 禁止损坏或者非法占用铁路设施设备、铁路标志和铁路用地。

4. 禁止向铁路线路安全保护区排污、倾倒垃圾以及其他危害铁路安全的物质。

5. 在铁路线路安全保护区及其邻近区域建造或者设置的建筑物、构筑物、设备等,不得进入国家规定的铁路建筑限界。

6. 禁止毁坏铁路线路、站台等设施设备和铁路路基、护坡、排水沟、防护林木、护坡草坪、铁路线路封闭网及其他铁路防护设施。

7. 禁止在铁路桥梁跨越处、河道上下游的规定范围内采砂、淘金。

8. 下穿铁路桥梁、涵洞的道路应当按照国家标准设置车辆通过限高、限宽标志和限高防护架。机动车通过下穿铁路桥梁、涵洞的道路,应当遵守限高、限宽规定。

9. 架设、铺设铁路信号和通信线路、杆塔应当符合国家标准、行业标准和铁路安全防护要求。铁路运输企业、为铁路运输提供服务的电信企业应当加强对铁路信号和通信线路、杆塔的维护和管理。

10. 设置或者拓宽铁路道口、铁路人行过道，应当征得铁路运输企业的同意。

11. 禁止毁坏铁路线路、站台等设施设备和铁路路基、护坡、排水沟、防护林木、护坡草坪、铁路线路封闭网及其他铁路防护设施。

12. 禁止实施危及铁路通信、信号设施安全的各种行为。

13. 禁止实施危害电气化铁路设施的各种行为。

14. 禁止实施危害铁路安全的各种行为。

#### (二)铁路员工权利与义务

1. 铁路运输企业应当加强铁路专业技术岗位和主要行车工种岗位从业人员的业务培训和安全培训，提高从业人员的业务技能和安全意识。

2. 铁路运输企业的从业人员应当按照操作规程使用、管理铁路设施设备。

#### (三)法律责任

对违反《铁路安全管理条例》规定的，对有关责任人依法给予处分；铁路运输工作人员窃取、泄露旅客身份信息的，由公安机关依法处罚。

## 第二节　安全规章知识

### 一、《铁路技术管理规程》

《铁路技术管理规程》分为普速铁路部分和高速铁路部分，是铁路技术管理的基本规章，铁路的其他规章和规范性文件以及各部门制定的技术管理文件等，都必须符合《铁路技术管理规程》的规定。《铁路技术管理规程》要求铁路职工必须严格遵守和执行本规程的规定，在职务范围内，以对国家和人民极端负责的态度，保证安全生产。

### (一)行车组织原则

1. 铁路行车组织工作,必须贯彻安全生产的方针,坚持高度集中、统一领导的原则,运输、机务、车辆、工务、电务、供电、信息等部门要发扬协作精神,主动配合,紧密联系,协同动作,组织均衡生产,不断提高效率,挖掘运输潜力,完成和超额完成铁路运输任务。

2. 列车运行图是铁路行车组织工作的基础。所有与列车运行有关的铁路各部门,必须按列车运行图的要求,组织本部门的工作,以保证列车按运行图运行。

3. 行车工作必须坚持集中领导、统一指挥、逐级负责的原则。

4. 全国铁路的行车时刻,均以北京时间为标准,从零时起计算,实行 24 h 制。

铁路地面固定设备的系统时钟,当具备条件时,应接入铁路时间同步网,不具备条件时,可独立设置卫星授时设备。

钟表的时刻应与调度所的时钟校对。

各级调度的时钟及各系统的时钟须定期校准。钟表的配置、校对、检查、修理及时钟校准办法,由铁路局规定。

### (二)行车指挥

有关行车人员必须执行列车调度员命令,服从调度指挥。

指挥列车运行的命令和口头指示,只能由列车调度员发布。列车调度员在发布命令之前,应详细了解现场情况,并听取有关人员意见。

### (三)列车运行(施工及路用列车的开行)

1. 凡影响行车的施工、维修作业,都必须纳入天窗,不得利用列车间隔进行(特别规定的慢行施工除外)。线路、桥隧、信号、通信、接触网及其他行车设备的施工、维修,力争开通后不降低行车速度。

2. 凡影响行车的施工及故障地点的线路,均应设置防护。

未设好防护,禁止开工。线路状态未恢复到准许放行列车的条件,禁止撤除防护、放行列车。

施工防护信号的设置与撤除,由施工负责人决定。

多个单位在同一个区间施工时，原则上应分别按规定进行防护，由施工主体单位负责划分各单位范围及分界。

3. 在区间或站内线路、道岔上封锁施工作业时，施工单位在车站行车室设驻站联络员，施工地点设现场防护员。

4. 驻站联络员和防护人员应由指定的、经过考试合格的人员担任。施工负责人可指派驻站联络员负责在车站办理施工封锁手续，向施工负责人传达调度命令，通报列车运行情况，并向车站值班员传达开通线路请求。

5. 驻站联络员和防护人员在执行防护任务时，应佩戴标志，携带通信设备，防护人员还应携带必备的防护用品，随时观察施工现场和列车运行情况。发现异常情况时及时通报车站值班员和施工负责人。

6. 驻站联络员要随时与防护人员保持联系，如联系中断，防护人员应立即通知施工负责人停止作业，必要时将线路恢复到准许放行列车的条件。

## 二、《广铁集团铁路营业线施工安全管理细则》(〔2020〕53号文)

为了加强广州铁路(集团)公司管内铁路营业线施工安全管理，确保行车、人身和施工安全。根据中国国家铁路集团公司(以下简称国铁集团，原为中国铁路总公司)《铁路营业线施工安全管理办法》文件(铁运〔2012〕280号)精神，结合广州铁路(集团)公司管内实际，对管内国家铁路和国家铁路控股的合资铁路，营业线施工及邻近营业线施工均纳入营业线施工安全管理范畴，并进行了规定。

### (一)施工安全管理责任

确保施工安全是建设、设计、施工、监理、行车组织、设备管理等单位和部门的共同责任。各单位要牢固树立安全意识，建立健全安全责任制，严格执行各项规章制度，科学制订施工方案，落实安全措施和责任，正确处理施工与行车安全的关系，严格遵循“安全第一”的原则，服从行车安全的需要。做到分工明确，责任清楚，措施具体，管理到位。

1. 铁路营业线施工是指影响营业线设备稳定、使用和行车安全的各种施工作业。

2. 邻近营业线施工是指在营业线两侧一定范围内，新建铁路工程、既有线改造工程及地方工程等影响或可能影响铁路营业线设备稳定、使用和行车安全的施工作业。

3. 铁路营业线施工必须把确保安全放在首位，坚持“安全第一、预防为主、综合治理”的方针，建设、设计、施工、监理、行车组织、设备管理等单位和部门必须严格执行本细则和《中华人民共和国安全生产法》《铁路安全管理条例》《建设工程安全生产管理条例》《铁路技术管理规程》《铁路交通事故调查处理规则》《广铁集团普速铁路行车组织规则》《广铁集团高速铁路行车组织细则》等法律、法规和规章规定。

### （二）施工安全专项管理

1. 参加营业线施工的劳务工必须由具有带班资格的正式职工（即带班人员）带领，不准劳务工单独上道作业。

2. 用工单位对劳务工要进行施工安全培训、法制教育和日常管理；要先培训，培训合格后方可上岗。对营业线施工的轨道、桥隧、通信信号、接触网等技术复杂、可能危及行车安全的作业项目，严禁分包、转包。

3. 劳务工不能担任营业线施工的施工安全防护员和带班人员等工作，不准单独使用各类作业车辆。

### （三）培训管理职责

1. 施工负责人应具备必需的施工安全素质。施工项目经理、副经理，安全、技术、质量等主要负责人必须经国铁集团（铁路局集团公司，以下统称为铁路局）营业线施工安全培训，未经培训或培训不合格的人员不得担任上述工作。

2. 施工单位的安全员、防护员、联络员、带班人员和工班长必须经过铁路局主管业务部门培训，并持证上岗。未经培训或培训不合格的人员担任上述工作，要追究施工单位领导的责任。

3. 培训合格的上述人员担任上述工作时，因施工安全知识不达标发生事故的，要追究培训部门的责任（广铁运发〔2020〕53 号第一百四十二条）。

# 第二章　岗位任职条件及必备素质

当前铁路防护人员的称呼，存在不一致现象。为此，广铁职教发〔2014〕11 号文件，对营业线施工安全员、联络员及防护员等相关称谓明确如下：

营业线施工安全员：是指设备管理单位的施工安全监督员。

营业线施工联络员：是指施工单位及设备管理单位的驻站（所）联络员。

营业线施工防护员：是指施工单位及设备管理单位的现场防护员。

防护人员：驻站（所）联络员、现场防护员统称为防护人员。

## 第一节　防护人员岗位任职条件

各单位对营业线施工联络员、现场防护员、安全监督员，除按铁路局规定组织送培、取证、持证上岗外，还应组织进行新规章和日常适应性培训，特别是关键岗位人员对施工安全、人身安全和联络防护安全卡控措施等关键内容必须强化培训。还要加强对联络员、防护员资质实行动态管理：日常检查发现联络员、防护员在工作中出现严重问题的，取消联络员、防护员资格，由职教部门收回上岗证。取消后需经重新培训，考试合格后发证。

防护人员岗位任职条件如下：

1. 必须是正式职工（员工），任职前必须经过健康检查，身体条件不符合拟任岗位职务要求的，不得上岗作业。

2. 必须身体健康、反应敏捷、讲普通话、语音清晰、责任心强、业务熟练。

3. 必须定岗满三个月，方可参加联络员、防护员取证考试。

4. 必须经过专业培训，并取得合格证书。

5. 不能担任防护的人员：实习生、见习生、临时工。

6. 凡在施工、维修天窗作业，均须设置驻站联络员和施工防护员，且不得临时调换。施工防护员应根据作业现场地形条件、列车运行特点、作业人员和机具布置等情况确定站位及移动路径，并做好自身防护。

7. 防护人员必须精神饱满，持证上岗，严格按标准化作业，按规定立岗，按规定举旗接车。

8. 防护人员必须携带可靠的通信工具和防护用品，并严格按有关规定落实防护措施、防护标准用语等。严格执行劳动安全有关规定，正确佩戴和使用劳动防护用品；及时准确填写本岗位相关记录及表格。

9. 拒绝违章指挥、制止他人违章作业；对现场作业、工作条件的改造有建议权。

10. 班前充分休息，班前 6 h 和班中不得饮酒，严禁私自替班、换班、连续当班。

## 第二节　防护人员必备素质

### 一、驻站(所)联络员

1. 上道作业须设联络员。

2. 在中继站所辖设备作业，必须在登记站设联络员。

3. 必须熟悉作业站场设备、站场情况以及劳动安全关键点。掌握设备的基本原理及操作方法，掌握应急处理程序，具有与车务、工务、供电等结合部单位协调的能力。

4. 联络员未签订《安全责任状》不得上岗联络。

5. 施工单位(设备管理单位)应建立驻站联络员的管理制度，加强对驻站联络员的日常管理。

6. 施工单位(设备管理单位)应派出经培训合格、具备任职资格的胜任人员担任驻站联络工作，并持证挂牌上岗。驻站联络人员必须佩戴“驻站联络员”胸牌进入信号楼。

7. 驻站(所)联络员应至少于施工前 60 min,携带施工维修日计划到登记站行车室向车务值班干部报到,并报告本人担当联络工作的施工项目、施工重点、所属单位、姓名及联系方式。

8. 驻站(所)联络员负责按规定办理运统-46 登销记,负责联系和盯控各类工程机械车辆的开行,并做好详细记录。

9. 驻站(所)联络员到达行车室(信号楼),必须同施工负责人、工地防护员核对钟表时分,施工时必须准确通报列车运行车次、预告时间、本站(邻站)开车时间、邻线列车运行及双线区段反方向列车运行等情况,相互复诵确认后,在登记簿上登记。

10. 驻站(所)联络员担任驻站联络工作时,应保持与施工现场的通信畅通。施工时应每 3～5 min 与工地防护员通话,随时掌握施工进度及工程机械的作业情况;如因故晚点不能按时开通线路时,应向车站值班员陈述原因。

11. 驻站(所)联络员在施工(包括施工、维修及收卸料作业等)期间,不得擅自离开登记所在站的行车室,不得做与本职工作无关的事情。

12. 车务值班干部和车站值班员有权对驻站联络员加强管理,驻站联络员工作期间应服从车站值班干部和车站值班员的管理,并及时在行车室《进出信号楼登记簿》上进行登记。

13. 对施工期间擅自离开工作岗位的驻站联络员,一经发现要严肃处理,并由有关车务站段及时报告铁路局运输施工协调办公室,由铁路局运输施工协调办公室安排该项施工停工整顿,并根据其所在单位的整改情况确定复工日期。

14. 驻站(所)联络员班前准备:

①班前充分休息。

②检查对讲机、手机、录音设备状态,确保电量充足。

15. 驻站(所)联络员班中作业:

①要清楚点外作业计划,掌握作业负责人姓名、负责防护组数、每组作业项目、位置和现场防护员姓名、影响范围,确认作业区段对讲机盲区等情况。

②掌握现场防护员、作业负责人手机号码，通话试验对讲机和手机，打开录音设备。

③提前 60 min 在车站信号楼，持当日点外作业计划单在《行车设备施工登记簿》上登记。

④对讲机与现场中断联系时，及时采取其他联系方式。

16. 驻站(所)联络员“五严禁、五必须”：

(1)“五严禁”

①严禁无证上岗和随意更换，未经培训并考试合格，不得担任驻站联络员。

②严禁擅自离岗、主动中断联络，做与联络防护无关的工作。

③严禁盲目销记，未与现场确认设备及人员情况，不得办理销记手续。

④正常情况下，无施工、维修天窗计划和天窗点外作业计划，不得上道作业，严禁上岗联络。

⑤严禁提前离岗，现场作业人员未全部返回工区(住地)或全部离开线路返回工区(住地)，不得提前撤离或关闭联络通信工具。

(2)“五必须”

①必须随时准确掌握列车运行、调车作业及调度命令信息，及时准确向现场防护员通报。

②必须动态掌握现场作业内容及作业项目、里程(地点)、分组数量、作业人数、影响范围、配合部门。

③必须提前到岗，并在运统-46 登记作业内容。

④必须试验并确认联络工具状态良好，对联络全过程进行录音。

⑤必须全程联络、分组通报，杜绝迟报漏报。

## 二、施工防护员(现场防护员、工地防护员)

施工和维修作业前必须按规定设置防护员，施工防护员不得临时调换。作业过程中，驻站(调度所)联络员与施工防护员必须保持通信畅通并定时联系，确认通信良好。一旦联控通信中断，施工作业负责人、施工防护员应立即命令所有作业人员撤离机具并下道。

1. 所有上道作业须设防护员。

2. 每个独立的作业组必须设专职防护员。

3. 担任防护员的职工必须在该站场连续工作一个月以上。防护员必须熟悉作业站场设备情况和站场特点，掌握劳动安全关键点及控制措施。

4. 防护员未签订《安全责任状》不得上岗防护。

5. 施工防护员应根据施工作业现场地形条件、列车运行特点、施工人员和机具布置等情况确定站位和移动路径，并做好自身防护。

6. 施工前应与驻站联络人员取得联系，并相互核对当日施工项目、地点(里程、股道、道岔号、信号机号、供电柱号)等，准确及时向施工负责人汇报驻站联络人员转达的有关列车运行情况、调度命令和上级指令，并用专用登记本做好记录。

7. 必须按规定带齐防护备品，设置防护。

8. 防护员与作业人员之间距离不得超过 30 m。因环境噪声、瞭望视线受阻等因素影响时，防护员应缩短与作业人员之间的防护距离；无论何种情况下，作业人员必须在防护员的可控范围内。

9. 遇联络中断，现场防护员必须立即通知作业人员停止作业，组织工料机具及时下道。

10. 严禁在无防护的情况下上道作业，必须坚持一人作业、一人防护，多人作业、专人防护，一处一防护、多处多防护。

11. 担任防护工作时，不得兼做施工员和其他工作，必须掌握列车运行时分，及时准确发出来车、下道信号，监督施工人员及时下道。

12. 当班时必须集中精力，认真瞭望，不得离岗和做与本职工作无关的事情。与驻站联络人员保持 3～5 min 通话一次。

13. 在道岔尖轨、心轨、转辙部位作业时，现场防护员必须与驻站联络确认防护有效后，方可开始作业。驻调度所(驻站)联络员发现其他单位要操动道岔时，要立即通知现场防护员，现场防护员立即通知作业人员停止作业，防止道岔操动时夹伤手脚。

14. 车站向封锁区间放行两列及以上作业车时，必须掌握开行顺序和开行时分、停车作业地点，设好防护后再开车。未经施工负责人同意，不得拆除防护电话和关闭对讲机。

15. 施工防护员班前准备：

①班前充分休息。

②检查对讲机、手机、录音设备状态，确保电量充足，检查防护标志状态。

16. 施工防护员班中作业：

①掌握点外作业计划、作业负责人姓名、作业位置、项目、作业人数、使用机具、上下工行走路线、对讲机盲区、进出栅栏时间和位置等内容。清楚防护标志设置位置。携带防护备品。

②掌握驻站联络员、作业负责人手机号码，通话试验对讲机和手机，打开录音设备。

③到达作业地点后，向驻站联络员报告位置。

17. 施工防护员“五严禁、五必须”：

(1)“五严禁”

①严禁无证上岗，未经培训并考试合格，不得担任现场防护员。

②严禁盲目上道，未与驻站联络员确认列车运行情况，严禁上道作业、横越线路。

③严禁随意更换现场防护员。

④严禁未确认调度命令，盲目进入高速栅栏内或上道作业。

⑤严禁擅自离岗，做与联络防护无关的工作。

(2)“五必须”

①必须掌握作业内容及作业项目、里程(地点)、分组数量、作业人数、影响范围、配合部门，并全程防护。

②必须试验并确认联络工具状态良好，确认调度命令和作业时间。

③必须保证防护有效，做到不间断瞭望，及时掌握列车运行状况；遇联络中断，必须立即通知作业人员停止作业、下道避车。

④必须及时通知并督促作业人员提前下道避车，防护员应合理站位，身体不得侵限，并提前确定下道位置和移动径路，与作业人员同出同归。

⑤必须穿戴防护服、携带防护工具，落实“眼看、手比、口呼”制度。

## 三、施工安全监督员

1. 设备管理部门应根据工程规模和专业性质，对安全监督检查人员进行培训，并对合格人员发培训合格证。

2. 设备管理单位应加强对本单位派出的安全监督检查人员的日常管理。对施工单位在管内从事影响行车安全的施工，必须派出安全监督员到施工现场，对涉及行车安全的各方面实行全程监督检查。

3. 安全监督员应持证挂牌上岗。

对施工单位施工情况实行全过程监督检查，督促施工单位落实安全责任制，并及时反馈安全信息。

对施工单位违章作业、安全措施不落实应及时制止，对危及行车安全的有权停止其作业。

4. 安全监督员发现影响行车安全的问题，必须以《施工安全整改通知书》形式书面通知施工单位负责人，如不整改或整改后仍达不到要求时，可填写《营业线施工停工通知书》。施工单位负责人必须立即处理，整改完毕并自检满足行车安全要求后，向《营业线施工停工通知书》签发人（单位）申请复工，经复查满足复工条件并签认后方可复工。

5. 安全监督员应建立日常的工程记录，每天向本单位调度汇报施工安全情况，如擅自离开岗位或监控不力造成事故的，将追究监督人员及所属单位领导责任。

# 第三章 安全风险控制

安全是铁路运输的永恒的主题。为了确保铁路在行车安全、电气化安全、劳动安全的稳定卡控，夯实安全基础工作，强化施工、维护人员岗位的安全责任意识，是当前铁路教育培训工作的“重中之重”。

## 第一节 基本安全制度和作业纪律

### 一、基本安全制度

电务工作人员必须认真执行“三不动”“三不离”“三不放过”和“三级施工安全措施”四项基本安全制度。

(1)三不动：未登记联系好不动；对设备性能、状态不清楚不动；正在使用中的设备(指已办理好进路或闭塞的设备)不动。

(2)三不离：工作完了，不彻底试验良好不离；影响正常使用的设备缺点未修好前不离；发现设备有异状时，未查清原因不离。

(3)三不放过：事故原因分析不清不放过；没有防范措施不放过；事故责任者和职工没有受到教育不放过。

(4)三级施工安全措施：电务段、车间、工区三级组织的施工均应制定施工安全措施。安全措施的基本内容应包括：施工前的准备措施，施工中的单项作业措施、安全卡控措施及安全防护措施，施工后的检查试验措施，以及发生故障时的应急措施等。

### 二、作业纪律

电务工作人员必须严格执行“七严禁”作业纪律。

(1)严禁甩开联锁条件，借用电源动作设备；

(2)严禁采用封连线或其他手段封连各种信号设备电气接点；

(3)严禁在轨道电路上拉临时线沟通电路造成死区间，或盲目用提高轨道电路送电端电压的方法处理故障；

(4)严禁色灯信号机灯光灭灯时，用其他光源代替；

(5)严禁甩开联锁条件，人为沟通道岔假表示；

(6)严禁未登记要点使用手摇把转换道岔；

(7)严禁代替行车人员按压按钮、转换道岔、检查进路、办理闭塞和开放信号。

## 第二节　安全控制措施

### 一、作业安全基本要求

1. 上道作业前规定：

(1)凡上道进行施工(含配合施工)、检修、巡视、检查、应急处置等作业，都必须“先防护，后上道”。未设驻站联络员和现场防护员，禁止上道。

(2)上道作业前，驻站联络员、现场防护员或作业负责人必须对联络工具(联络电话、对讲电台、GSM-R 手机、录音笔等)进行检查，试验并确认状态良好。联络工具不良，禁止上道。

(3)夜间上道作业前，作业人员应认真检查照明设备，照明设备不良，禁止上道。

(4)在施工或维修作业会(工前会)上，施工或作业负责人应根据现场地形条件、列车运行特点、人员位置和机具布置等情况，对安全联络防护、来回基本路径等制定针对性措施，确保现场作业人员得到有效防护。

2. 作业人员在作业前必须充分休息，严禁饮酒，作业中应按规定着装，佩戴规定的防护用品。

3. 严格执行“行车不施工、施工不行车”的规定，施工、检修作业必须在天窗点内进行，设备巡视原则上应安排在天窗内进行，减少天窗外作业。

4. 凡在营业线进行施工、检修、巡视、检查等作业，必须设置驻站联络员和现场防护员，驻站联络员、现场防护员不得兼做其他工作，不得临时调换。

5. 遇有降雾、暴风雨、扬沙等恶劣天气影响瞭望时，应停止线上作业和上道检查，必须作业时，应采取特殊安全措施，保证来车之前按规定的距离及时下道。

6. 接到来车信息后，作业人员应严格按规定下道避车。人员下道避车应面向列车认真瞭望，防止列车上的抛物、坠落物或绳索伤人。

7. 在站内作业时要时时注意瞭望列车运行，根据站场线路布置，建立作业安全岛。有条件的车站应安装列车接近自动音响或语音报警装置。

8. 在区间行走时应走路肩；在道床上行走或工作时，应不断前后瞭望；在复线区间，应逆列车运行方向行走，并不断前后瞭望，禁止在邻线和两线中间躲避列车。

9. 禁止从车辆下部或车钩处通过。在停留列车、车辆前部或尾部通过时，应与其保持 5 m 以上距离。

10. 禁止在钢轨、枕木上和车辆下部休息。

11. 雷雨或暴风时，禁止在信号机上作业；打雷时，禁止修理避雷器、地线。

12. 冬季室外作业时，所戴防寒帽应有耳孔，所戴物品不得影响听力。

13. 挖坑、沟时，应了解地下设备情况，土质松软处所应有防护和加固措施，以防坍塌。坑、沟一般不应过夜，不得已时，须采取防护措施。

14. 扛抬笨重物品时，每人负重一般不得超过 50 kg。

15. 电缆井下作业时，必须先对井下沼气作清理，方可下井作业。在电缆井下需使用喷灯时，喷灯应在井外点燃，喷灯在使用前必须进行检查，确认无漏油、无漏气，方可使用。

16. 禁止劳务工(临时工)单独上道作业。劳务工(临时工)上道作业必须由具有单独上岗资格、持有现场防护员证的正式职工进行专职防护。劳务工(临时工)应相对固定，严格按规定使用并控制劳务工(临时工)上道作业人数。

## 二、高速铁路安全作业规定

上道施工、维修作业都必须安排在天窗时间内进行。没有命令不准上道。

1. 天窗时间以外,任何人员禁止进入防护栅栏、桥面或隧道内。

2. 驻站联络员应与室外专职防护员保持通信畅通,及时掌握施工作业情况,一旦遇到通信联络中断或联络困难、通话不清时,严禁盲目销点,必须待通信联络回复后,得到现场施工负责人确认作业结束,并已回到安全地带后,方可销点。

3. 施工及配合施工应切实加强作业前、中、后的联系,加强施工现场监控;上道前,施工负责人应清点作业人员、作业机具及材料数量;施工结束开通前,施工负责人必须清点人员和机具,确定人员、机具及材料全部下道至防护栅栏外或作业车辆返回库线,方可通知销点。

4. 各级人员下现场必须严格执行安全规定,服从现场防护人员统一指挥。

5. 凡进入高速铁路(含城际铁路)防护栅栏内进行施工、维修、故障处理等作业,必须严格遵守“先申请,后进入”的规定,必须接到并确认准许进入防护栅栏内的调度命令后,方可上道。

6. 高速铁路上道处理故障,进入防护栅栏前,必须确认本线封锁、邻线最高运行速度不大于 160 km/h 的调度命令已经下达,按规定设好防护后,方可上道。

7. 高速铁路避车时必须在封锁本线一侧安全距离避车,禁止分散多处或跨线避车,禁止在双线间避车。横跨股道时必须征得驻站联络员同意,同时确认无列车接近时才能跨越。

8. 高速铁路作业完毕,现场作业负责人必须确认各批次、不同地点上道人员及机具、材料等全部撤离至安全地点,方可申请销记。

9. 在高速铁路四线并行、普速与高速铁路并行区段进行设备巡视、检修、施工等上道作业,均必须纳入天窗点内。上道作业前,必须确认并行区段的天窗时间在同一时段,否则,禁止上道。

10. 在高速铁路四线并行、普速与高速铁路并行区段应急处置时,进入防护栅栏前，必须确认本线封锁、邻线（含两侧及跨越线路）最高运行速度不大于 160 km/h 的调度命令已经下达，按规定设好防护后，方可上道。横跨线路时必须征得驻站联络员同意，确认无列车接近时才能跨越。

## 第三节　作业卡控措施

作业卡控措施如下：

1. 所有工具、材料、仪表、照明灯具、通信工具均要进行编号，粘贴反光标志，建立台账，实行统一管理。

2. 作业前施工负责人或工长（或车间跟班干部）列队点名召开准备会议，填写作业派遣单，安排当日作业内容，对要携带的工具、材料、仪表、照明灯具、通信工具及需打开的设备箱盒做好充分的防吸打预想，并指定专门的验收人员（工长、安全员或材料员）。

3. 作业过程中，工具、仪表、材料等必须随手携带。不能随手携带时要放置在轨道旁 1 m 以远处，随取随用，使用完后及时放置到轨旁工具箱内。禁止随手随地放置工具材料。

4. 天窗点作业销点前要预留 40 min 的时间开展设备互检、防吸打验收。作业人员自行对设备加锁、防吸打检查后，由验收人员进行复检。

5. 现场作业人员必须在天窗点结束前全部撤离出防护栅栏外或返回站内安全地带。人员、器材没有全部撤出不准销记。

6. 驻站联络员得到现场工作人员全部撤离出防护栅栏外或返回站内安全地带的报告后，方可销记离开。

## 第四节　电气化铁路人身安全规定

为防止电气化铁路区段人身伤害和行车事故的发生，确保人员的生命安全和运输安全，凡在电气化铁路作业的职工都必须执行国家相关的法律法规和国铁集团《电气化铁路有关人员电气安全规则》《普速铁路信号维护规则》《高速铁路信号维护规则》等规定。电气化区段各单位要认真组织职工学习，并考试合格后方准上道作业。

## 一、电气化区段作业规定

1. 人身和携带物件（如长杆、导线、工具等）与接触网设备带电部分，必须保持 2 m 以上的距离，与回流线、架空地线、保护线保持 1 m 以上的距离。

2. 在距离接触网带电部分不足 2 m 的处所作业时，接触网必须停电，由接触网工区人员安设可靠的临时接地线后，方可开始工作。作业时应有接触网工区人员在场监护。拆除临时接地线后，严禁再进行作业。

3. 禁止攀登接触网支柱，不得在支柱上搭挂物品。

4. 严禁向接触网上搭挂绳索等物，发现接触网上挂有线头等物，不准接触。当发现接触网导线断落时，要远离该处 10 m 以外，将该处加以防护，并立即通知有关部门处理。

5. 电务设备的地线必须连接牢固，接触良好，接地电阻应符合要求。信号人员作业时应确认地线接触良好。

6. 信号人员作业时，应按规定使用耐高压的绝缘防护用品，如高压绝缘手套、绝缘靴、绝缘垫等。

7. 更换扼流变压器，中心连接板，轨道电路送、受电的扼流变压器引接线，站内横向连接线等器件时，应按规定采取相应的安全防护措施，保证牵引电流畅通后，方可进行作业。

8. 更换轨道电路绝缘时，应在确认扼流变压器连接线各部连接良好后，方准开始作业。

9. 整修电缆时，应先确认电缆外皮（全塑电缆除外）与电缆屏蔽地线连接牢固，接触良好，同沟内数条电缆外皮焊接良好，方准开始作业。

10. 断开综合接地贯通地线前，须在贯通地线纵向位置，安装一条截面不少于 70 $mm^2$ 的铜连接线，连接可靠方可开始作业。

11. 通信电缆（含光电综合缆）引入室内，应做绝缘接头，将外护套（或屏蔽层）和金属加强件可靠断开，室外电缆（含光电综合缆）的金属护套及金属加强件应可靠接地。

12. 光缆引入室(箱)内，应换接室内光缆，并作绝缘接头，室内、外金属护套及金属加强件应断开彼此绝缘。室内光电缆引入柜(架)、分线盘等应可靠接地。

## 二、高于 36 V 电压的设备进行带电作业的规定

1. 对带有 220 V 及其以上电压的设备进行作业时，一般应切断电源或双人作业。需停电进行检修作业时，应指派专人负责断电，并在电源开关处悬挂警示牌。恢复供电时，应确认全体工作人员作业完毕，脱离带电部件后，方可合闸，摘除警示牌。

2. 对高于 36 V 电压的设备进行带电作业时，应遵守以下规定：

(1)使用带绝缘的工具，穿绝缘胶鞋(室内应站在绝缘板上)；

(2)不得同时接触导电和接地部分；

(3)未脱离导电部分时，不得与站在地面上的人员接触或相互传递工具或材料。

3. 检修整流、变流及磁饱等电源设备时，应遵守以下规定：

(1)电压高于 220 V 的设备应关闭电源，并通过人工放电，释放电容器电能后，方可开始工作。

(2)不准将电流互感器二次线圈开路，以免产生高电压击穿设备和危及人身安全。

4. 对低压交直流配电屏、整流器及分线盘进行不停电检修时，必须使用带绝缘柄的工具，站在绝缘垫上或穿绝缘胶鞋。

# 第五节　劳动安全

## 一、劳动安全培训考试制度

1. 各单位应建立劳动安全培训考试制度，每年应制订劳动安全培训计划。段职能科室每年应组织一次全员(包括劳务工、临时工)劳动安全培训考试，考试成绩必须达到 90 分以上(百分制)。

2. 驻站(所)联络员、现场防护员资格性培训考试、发证等工作，应按照铁路局职教部门有关文件规定执行。驻站联络员、现场防护员必

须做到持证上岗,资格性培训考试不合格的,严禁从事安全联络防护工作。

3. 对已取得驻站联络员、现场防护员资格的人员,由段职能科室组织,每年进行一次安全联络防护知识培训考试,考试成绩必须达到90分以上(百分制)。考试不合格者,取消资格证,不得从事安全联络防护工作。

4. 各单位应抓好新职工及转岗、复工、改职人员劳动安全培训,并建立培训和考试台账,考试不合格者严禁上岗。

5. 各单位应抓好劳务工(临时工)培训,经段职能科室培训考试不合格,未取得上岗作业证的劳务工(临时工),严禁上岗。

6. 各单位应抓好特种作业人员劳动安全培训,未取得特种作业操作证人员,严禁上岗。

7. 各单位应组织汽车驾驶人员每月开展以交通法规为主要内容的业务学习,增强交通安全意识。

## 二、劳动安全防控措施

对违反以下劳动安全规定的行为(劳动安全"十五严禁"),一律按照触碰安全"红线"处理。

1. 未设驻站联络员、现场防护员上道作业。

2. 驻站联络员、现场防护员擅自离岗或做与联络防护无关的工作。

3. 联络工具不良或联络通信不畅上道作业。

4. 未穿戴防护服、携带防护工具上道作业。

5. 在线路上接听、拨打手机、收发信息或使用其他视听娱乐工具。

6. 走道心、钻车底,扒乘机车车辆,或在钢轨、枕木上、车辆下部休息。

7. 人体、工具侵入电气化限界或未采取绝缘防护措施带电作业。

8. 雷雨或暴风时在高柱信号机、通信杆塔上作业或打雷时修理避雷器、地线。

9. 在邻线和两线中间躲避列车。

10. 未确认调度命令,盲目进入高速区段栅栏内或上道作业。

11. 未确认现场人员撤至安全地点，盲目销记。

12. 接触网未停电或机车行驶中检修机车（动车）车顶、车底外部设备。

13. 违章操作机械动力设备或特种设备。

14. 酒后上岗、禁忌症人员登高作业。

15. 无证驾驶、酒后驾驶、超速驾驶、疲劳驾驶机动车辆。

## 第六节 安全风险控制

### 一、普速铁路防护联络

1. 驻站联络员、防护员漏报、错报、迟报车次或未及时发出来车信号，见表 3-1。

**表 3-1**

| | |
|---|---|
| 风险名称 | 驻站联络员、防护员漏报、错报、迟报车次或未及时发出来车信号 |
| 简要原因 | 1. 安全意识淡薄。<br>2. 驻站联络员、防护员业务素质低，对防护标准不熟悉。<br>3. 施工负责人安排工作错误，未能了解员工的业务素质。<br>4. 班组联防互控制度落实不到位。<br>5. 现场检查盯控不到位。<br>6. 驻站联络员、防护员离岗或做与工作无关的事情 |
| 防控措施 | 1. 立即停止作业下道避车，及时安排经培训考试合格且对防护标准熟悉的员工担任防护员职务。<br>2. 施工负责人要了解员工的业务素质和实作水平。<br>3. 执行防护通话“三确认”制度，即确认对方姓名、确认对方听清楚、确认人员和机工具下道完毕。<br>4. 对现场作业过程进行检查和盯控，督促整改存在的问题。<br>5. 驻站联络员与工地防护员保持 3～5 min 通话一次，并做好记录。<br>6. 配备录音设备，定期组织分析 |
| 监督检查要求 | 1. 车间干部现场督促、盯控。<br>2. 专业干部采取抽查方式检查驻站联络员及工地防护作业情况 |

2. 联络中断时,作业人员未停止作业或未将机具撤下道,见表 3-2。

**表 3-2**

| | |
|---|---|
| 风险名称 | 联络中断时,作业人员未停止作业或未将机具撤下道 |
| 简要原因 | 1. 防护作业人员安全意识淡薄、责任心不强。<br>2. 违反了《普速铁路工务安全规则》第 2.2.6 条规定。<br>3. 班组联防互控落实不到位 |
| 防控措施 | 1. 防护员立即通知施工负责人停止作业,将线路恢复至准许放行列车的状态,直至通信恢复方可上道作业。<br>2. 通信或瞭望不良地段增设中间防护人员。<br>3. 配备大功率电台。<br>4. 使用手机防护 |
| 监督检查要求 | 1. 车间干部现场督促、盯控。<br>2. 专业干部采取抽查方式检查驻站联络员及工地防护作业情况 |

3. 施工负责人盲目发布限速、封锁、开通命令,见表 3-3。

**表 3-3**

| | |
|---|---|
| 风险名称 | 施工负责人盲目发布限速、封锁、开通命令 |
| 简要原因 | 1. 施工负责人安全意识淡薄。<br>2. 施工负责人未与防护人员确认调度命令号码。<br>3. 施工负责人业务不熟 |
| 防控措施 | 1. 施工负责人应通过驻站联络员保持密切联系,掌握列车运行时刻,设置好防护后方可施工。<br>2. 现场防护员在接到驻站联络员发出的预报、确认、变更通知后,均应立即通知施工负责人或按规定信号向施工负责人重复鸣示,直至对方以相同信号回答为止 |
| 监督检查要求 | 1. 车间干部现场督促、盯控。<br>2. 施工领导全过程参与施工,监督关键环节 |

4. 防护员、联络员未按规定按时到岗，见表 3-4。

**表 3-4**

| | |
|---|---|
| 风险名称 | 防护员、联络员未按规定按时到岗 |
| 简要原因 | 1. 安全意识淡薄，简化作业程序。<br>2. 防护员现场站位不符合有效防护要求。<br>3. 施工负责人未及时通知防护员、联络员到岗 |
| 防控措施 | 1. 施工驻站联络员提前 60 min 到岗；日常作业驻站联络员提前 40 min 到岗。<br>2. 对驻站联络员和工地防护到位情况进行检查，督促按规定时间内到位。<br>3. 驻站联络员与工地防护员保持 3～5 min 通话一次，并做好记录。<br>4. 落实防护员、联络员培训制度，持证上岗 |
| 监督检查要求 | 1. 车间干部现场督促、盯控。<br>2. 段安全生产指挥中心对驻站联络员进行电话抽查。<br>3. 利用录音回放进行分析、考核 |

5. 防护员兼任其他工作，见表 3-5。

**表 3-5**

| | |
|---|---|
| 风险名称 | 防护员兼任其他工作 |
| 简要原因 | 1. 安全意识淡薄。<br>2. 班组联防互控落实不到位。<br>3. 施工负责人现场检查盯控不到位。<br>4. 施工负责人违章指挥 |
| 防控措施 | 1. 严格落实联防互控制度，做到“你错我防、我错你纠”。<br>2. 健全安全员工作管理制度，由现场安全员提醒、纠错。<br>3. 除追究带班人责任外，还必须追究其他作业人员的联防互控责任 |
| 监督检查要求 | 1. 车间干部现场督促、盯控。<br>2. 利用录音回放进行分析、考核 |

6. 上线作业、检查无专职防护员，见表 3-6。

**表 3-6**

| | |
|---|---|
| 风险名称 | 上线作业、检查无专职防护员 |
| 简要原因 | 1. 上线作业未安排专职防护员。<br>2. 作业人员兼职防护员。<br>3. 防护员兼职其他工作。<br>4. 防护员未到情况下作业人员擅自上道作业。<br>5. 一个防护员防护多处和多项作业。<br>6. 施工负责人违章指挥 |
| 防控措施 | 1. 上线作业、检查严格执行"一人作业、一人防护，多人作业、专人防护，一处一防护，多处多防护"的原则。<br>2. 作业人员可以举报，并拒绝上线。<br>3. 利用道岔视频监控系统进行分析 |
| 监督检查要求 | 1. 车间干部现场督促、盯控。<br>2. 专业干部不定期到现场检查防护制度落实情况 |

7. 来车下道不及时(抢越线路)，见表 3-7。

**表 3-7**

| | |
|---|---|
| 风险名称 | 来车下道不及时(抢越线路) |
| 简要原因 | 1. 施工负责人未提前做好安全预想，对人身安全工作不重视。<br>2. 上线作业未设置专职防护，通信和视听不良地段未设置中间防护员。<br>3. 班组联防互控落实不到位。<br>4. 施工、作业负责人现场安全检查不到位。<br>5. 安排工作时严重违反《普速铁路工务安全规则》、铁路局的有关规定。<br>6. 桥梁、隧道作业来车时不进避车台、避车洞避车。<br>7. 赶进度抢任务 |
| 防控措施 | 1. 作业人员下道避车执行《普速铁路工务安全规则》第 3.2.1、3.2.2、3.2.3、3.2.4、3.2.5 条关于本线和邻线下道避车、恶劣天气作业、横越股道、传递材料的相关规定。<br>2. 落实联防互控制度，做到"你错我防、我错你纠"。<br>3. 凡上线作业或检查均设驻站联络和现场防护员，分组作业分组安排防护，通知人员及时下道避车，并通过录音监控考核手段促进制度落到实处。<br>4. 提前做好安全预想，针对每项作业结合实际布置重点的安全注意事项。<br>5. 作业人员必须掌握管内列车运行情况。<br>6. 作业人员在桥梁、隧道避车时必须进避车台、避车洞避车 |
| 监督检查要求 | 1. 车间干部现场督促、盯控。<br>2. 专业干部采取添乘机车、现场抽查等方式进行检查 |

8. 恶劣天气上道作业,见表 3-8。

**表 3-8**

| | |
|---|---|
| 风险名称 | 恶劣天气上道作业 |
| 简要原因 | 1. 大雾、风、雨、雪等影响视觉、听觉的恶劣天气盲目上道作业。<br>2. 工班长违章指挥、盲目安排人员上道作业。<br>3. 单独作业人员未按规定行走路肩巡查 |
| 防控措施 | 1. 执行《普速铁路工务安全规则》第 3.2.6 条遇有降雾、暴风雨(雪)、扬沙等恶劣天气影响瞭望时,应停止线上作业和上道检查,必须作业时,应采取特殊安全措施,保证来车之前按规定的距离及时下道。<br>2. 单独作业人员按规定行走路肩巡查。<br>3. 作业人员联防互控。<br>4. 利用办公系统短信平台及时发布恶劣天气禁止上道的警示消息 |
| 监督检查要求 | 1. 车间干部现场督促、盯控。<br>2. 专业干部采取添乘机车、现场抽查等方式进行检查。<br>3. 安全生产指挥中心人员电话抽查了解现场情况 |

9. 作业防护失效,见表 3-9。

**表 3-9**

| | |
|---|---|
| 风险名称 | 作业防护失效 |
| 简要原因 | 1. 通信设备状态不良。<br>2. 封锁施工,驻站人员和工地防护人员岗位职责未落实。<br>3. 发现设备发生危及行车安全故障时的防护作业不到位。<br>4. 上线作业未派防护员,或防护员兼职、离岗 |
| 防控措施 | 1. 施工负责人、防护员,必须携带设备状态良好的列车无线调度电话等通信设备。钢轨探伤作业防护员、道口看守员、巡检及看守人员,均应携带设备状态良好的列车无线调度电话等通信设备,随时监听列车运行情况。发生异常情况时可直接通报车站值班员或列车司机。<br>2. 在区间或站内线路、道岔上封锁施工作业时,设驻站联络员、工地防护员。驻站联络员办理施工封锁手续,向现场防护员传达调度命令,通报列车运行情况。施工现场负责人下达设置或撤除防护、开始或停止施工作业、下道避车等命令。<br>3. 立即使用列车无线调度电话等通信设备通知车站或运行列车,并在故障地点设置停车信号,如瞭望困难,遇降雾、暴风雨(雪)、扬沙等恶劣天气或夜间,还应点燃火炬。设有固定信号机时,应先使其显示停车信号。<br>4. 凡上道进行设备检查时,必须设现场防护员 |
| 监督检查要求 | 1. 车间干部现场督促、盯控,施工负责人及安全盯控人员现场卡控。<br>2. 专业干部采取添乘机车、现场抽查等方式进行检查。<br>3. 安全生产指挥中心人员对现场驻站联络员和工地防护人员到岗到位的情况进行抽查 |

10. 发现危及行车安全故障时防护不到位，见表 3-10。

**表 3-10**

| | |
|---|---|
| 风险名称 | 发现危及行车安全故障时防护不到位 |
| 简要原因 | 1. 作业人员发现设备故障后未按规设置防护。<br>2. 未及时发出设备故障的信息，延误有效防护时机 |
| 防控措施 | 1. 立即使用列车无线调度电话等通信设备通知车站或运行列车，并在故障地点设置停车信号，如瞭望困难，遇降雾、暴风雨（雪）、扬沙等恶劣天气或夜间，还应点燃火炬。设有固定信号机时，应先使其显示停车信号。<br>2. 沿线作业人员发现线路设备危及行车安全时，除立即连续发出警报信号和以手信号防护外，应采取紧急措施设法修复，并迅速通知就近车站和工区；如不能立即修复时，应封锁区间或限制列车运行速度 |
| 监督检查要求 | 1. 车间干部现场督促、盯控。<br>2. 专业干部采取添乘机车、现场抽查等方式进行检查。<br>3. 由安全生产指挥中心明确防护区段和要求，现场作业人员负责执行和落实 |

11. 车辆伤害，见表 3-11。

**表 3-11**

| | |
|---|---|
| 风险名称 | 车辆伤害 |
| 简要原因 | 1. 作业人员下道不及时。<br>2. 作业人员盲目跨越股道。<br>3. 作业人员行走道心、枕木头。<br>4. 作业人员扒车、跳车、钻车底。<br>5. 作业人员与车辆安全距离不够。<br>6. 作业人员接车或避车位置不当 |
| 防控措施 | 1. 凡上线作业，必须严格按规定设置防护，防护员严格按标准化作业，工地防护员及时准确通报列车运行信息，按规定距离及时通知作业人员下道避车。<br>2. 严格执行“一停、二看、三确认、四通过”，确认无来车时迅速通过。<br>3. 作业人员上、下工途中必须集体行走，做到同去同归，严禁分散或单独行走，不得走道心或枕木头。<br>4. 严禁作业人员扒车、跳车、钻车底和由车底下、车钩上传递工具材料。<br>5. 严格执行作业人员与作业车保持 5 m 的安全距离。<br>6. 作业人员站在安全的位置立岗接车。在桥上和隧道内下道避车时，必须进入避车台和避车洞。人员多且集中的大型封锁施工，应拉设安全绳 |
| 监督检查要求 | 1. 上下班时，带班人检查作业人员劳动纪律。<br>2. 干部现场跟班、监督检查。<br>3. 专业管理干部到现场抽查现场作业纪律 |

12. 防护信号用品失效，见表 3-12。

**表 3-12**

| | |
|---|---|
| 风险名称 | 防护信号用品失效 |
| 简要原因 | 1. 未按《普速铁路工务安全规则》第 2.2.17 条配备防护信号备品。<br>2. 响墩或火炬过期失效。<br>3. 通信设备故障、损坏。<br>4. 防护信号用品未及时检修 |
| 防控措施 | 1. 响墩和火炬每年至少做一次检定试验，不合格者及时更换。<br>2. 按安全生产需要配足通信备品。<br>3. 使用后要对电台进行保养，并注意电池的使用状况，及时补充电能。<br>4. 按规定定期检测信号备品。<br>5. 使用大功率电台进行防护。<br>6. 使用信号中继器。<br>7. 按信号防护用品规定补齐或更换 |
| 监督检查要求 | 1. 工区工长定期检查防护信号用品状态。<br>2. 干部现场进行抽查 |

13. 通信和视听不良地段防护失效，见表 3-13。

**表 3-13**

| | |
|---|---|
| 风险名称 | 通信和视听不良地段防护失效 |
| 简要原因 | 1. 未掌握通信和视听不良地段。<br>2. 通信和视听不良地段未增设中间防护人员。<br>3. 通话柱等设备故障。<br>4. 防护员站位不当 |
| 防控措施 | 1. 对通信和视听不良地段进行全面排查，建立台账。<br>2. 在通信和视听不良地段增设中间防护人员。<br>3. 作业中遇防护联络中断时，工地防护员必须立即通知现场停止作业，并及时要求所有作业人员下道避车。<br>4. 联系设备主管部门对通话柱进行维护保养，确保通话柱的正常使用。<br>5. 配备大功率电台 |
| 监督检查要求 | 1. 作业时，带班人检查防护通信状态。<br>2. 干部现场跟班、监督检查 |

14. 野外作业被蛇咬，见表 3-14。

**表 3-14**

| | |
|---|---|
| 风险名称 | 野外作业被蛇咬 |
| 简要原因 | 1. 夜间作业照明条件不足。<br>2. 线路两侧植被茂盛 |
| 防控措施 | 1. 野外作业时，带好蛇药。<br>2. 夜间作业时，备足足够的照明设备。<br>3. 在植被茂盛的地方作业先用竹子或木棍进行驱赶 |
| 监督检查要求 | 作业前，派班人要检查、确认作业人员携带蛇药及蛇药期效的情况 |

## 二、高速及城际铁路防护联络

1. 岔区作业时不掌握道岔操动情况，见表 3-15。

**表 3-15**

| | |
|---|---|
| 风险名称 | 岔区作业时不掌握道岔操动情况 |
| 简要原因 | 高速铁路的驻站联络员安排在铁路局调度所，中间站道岔偶尔遇到道岔在不提前预知的情况下铁路局调度所操动道岔，对在道岔转撤部位作业人员的手脚很容易造成夹伤 |
| 防控措施 | 1. 与驻铁路局调度驻站联络员的联系，要求提前预报。<br>2. 驻站联络员天窗时间内不得离开车站运转室。<br>3. 道岔区段作业，提前与电务联系，下达《工电配合作业通知单》 |
| 监督检查要求 | 干部跟班作业，做好卡控工作 |

2. 驻站联络员岗位失职，见表 3-16。

**表 3-16**

| | |
|---|---|
| 风险名称 | 驻站联络员岗位失职 |
| 简要原因 | 1. 联络员未严格按规范登记要销点。<br>2. 联络员未按要求提前到达信号楼。<br>3. 现场作业人员未及时与信号楼进行联系。<br>4. 联络员未执行多点作业、逐点登销记 |

续上表

| | |
|---|---|
| 防控措施 | 1. 联络员提前 60 min 到达信号楼。<br>2. 每处作业人员都必须与联络员联系要销点情况。<br>3. 联络员必须将施工命令传达到每一处工地施工负责人。<br>4. 对现场及日作业单的抽查,卡控台加强卡控。<br>5. 干部对卡控台要销点登记的检查,发现问题及时考核。<br>6. 卡控台对现场及联络员进行抽查 |
| 监督检查要求 | 1. 车间每周检查 1 次。<br>2. 高铁科每周检查 1 次 |

## 第七节 事故案例

施工作业安全是铁路安全的重要部分,一次失职,一次疏忽,就会酿成事故。由于营业线施工,不安全因素较多,因此,为了防止安全事故发生,熟悉和掌握施工安全防护措施,预防事故发生,事故案例教育的警示作用意义重大。

**【案例 1】** 驻站联络员漏报列车信息,现场防护失效,3 死 1 伤惨痛事故。

### 一、事故概况

"10.30"××线湛江口至源潭间作业人员伤亡较大事故,2013 年 10 月 30 日,××铁路局××工务大修段按计划在银盏坳—源潭—湛江口间进行换轨施工,××电务段配合施工,5 时 38 分,电务作业人员在京广上行线 K2193+295 处进行清障作业时,被 5××××次路用列车撞上,造成 3 名劳务工死亡,1 名职工重伤。

驻站联络员作业情况:

当日施工,××电务段安排梁××在源潭站担任驻站联络员,湛江口和银盏坳站未安排驻站联络员。梁××约 3 时 30 分在源潭信号工区参加了工前会,施工给点后,将给点时间通知了施工负责人李××和各作业组防护员,之后在信号楼负责驻站防护工作。

回放××电务段联络防护录音记录分析:10 月 30 日 3 时 50 分,电务驻站联络员梁××到达源潭站信号楼。然后与各配合小组通了话,并随时向各小组告知了列车运行情况。

5时20分，梁××通知室外各作业组天窗给点。

5时32分，录音监听到湛江口站通知源潭站，5××××次路用列车5时32分从湛江口站往源潭站上行反方向发车进入区间，但无驻站联络员梁××通知各作业组的录音记录。

5时50分，施工负责人李××接到对讲机报告轨道车在京广线上行线K2193+295处发生撞人事故，并已被轨道车送往湛江口站。

## 二、事故原因

### （一）直接原因

1. 安全防护责任不落实，现场防护失效是导致事故的直接原因。

××电务段驻源潭站的联络员梁××，工作严重失职。

2. 违章操纵轨道车，应急处置不力是导致事故的重要原因。

轨道车司机人为导致行车安全装置失效，列车严重超速。

### （二）间接原因

1. 施工方案和有关安全措施制定不严谨，审查不严格。

①施工安全指导性文件缺乏可操作性。

②施工方案把关不严。

③施工配合方案不完善，技术交底不到位。

④当日施工方案存在缺漏。

⑤施工日计划漏项。

⑥施工安全协议制定不完善，落实不到位。

××电务段与××工务大修段签订了《广州铁路（集团）公司换轨施工安全协议》（广电施安〔2013〕062号），协议第4条第4款明确规定在施工作业前要签订《施工安全配合协议》，但两个单位未签订，施工配合的具体事宜没有得到明确。

2. 施工安全措施不落实，工前准备不到位。

①不按规定安排专职防护员和驻站联络员。

《××电务段配合工务更换长轨施工作业指导书》对安排现场防护

员和驻站联络员作了明确规定，但××电务段没有严格执行。

②轨道车作业安排违规。

③施工预备会安全关键把握不到位。

3. 劳动安全管理不到位。

××工务大修段换轨车间劳动安全管理台账不完善，特殊工种台账填记不规范，有效期及复审日期没有填记；车间工会劳动保护监督检查“三个条例”没有落实到位，没有建立健全相关组织机构、职责和管理办法，没有相应会议台账记录。

4. 安全教育培训不扎实，未能有效提高作业人员防范事故的意识和能力。

①擅自降低安全教育培训标准。

××电务段制定的《关于发布××电务段生产岗位人员培训实施细则的通知》(×电段教发〔2013〕84 号)中没有对劳务工安全培训作出规定，也未对临时雇用民工进行过安全培训；××工务大修段对劳务工的岗前安全、技术业务培训及考试要求，没有具体落实，违反了《广铁(集团)公司关于进一步加强安全培训工作的通知》(广铁办函〔2013〕208 号)有关规定。

②安全培训考试弄虚作假。

电务段组织的联络员、防护员安全培训考试，明显弄虚作假。

③施工防护员培训不规范。

电务段仅组织各车间分管施工的干部培训和对工区职工进行培训，对防护员和驻站联络员这种关键岗位的培训考试，没有按规定要求进行培训发证，防护员和驻站联络员的素质难以达到要求，不符合《铁路营业线施工安全管理办法》及《广铁集团营业线施工安全管理实施细则》的规定。

④施工安全培训不认真。

××工务大修段换轨车间对职工进行《铁路营业线施工安全管理办法》和《广铁集团营业线施工安全管理实施细则》培训时，没有对段施工安全管理办法进行培训。××电务段没有组织对电务部和电务段营业线施工安全管理细则的培训。

## 三、事故教训

1. 事故定性定责

“10.30”事故系××电务段作业组织安排不合理、驻站联络员漏报列车信息、现场防护员未及时组织避车，是事故发生的直接原因；××工务大修段路用列车严重超速、司机应急处置不力，造成列车制动不及，未能及时防止事故。根据《铁路交通事故调查处理规则》第十条、第六十八条之规定，此次事故构成责任铁路交通较大事故。事故属××电务段主要责任，××工务大修段重要责任。

2. 预防和整改措施

①深刻吸取事故教训。

召开事故扩大安全分析会，从管理源头上深刻查找和反思事故暴露出来的深层次问题，用血的教训警醒广大干部职工，吸取教训，切实增强安全责任意识，严格执行劳动安全基本制度和安全防护措施，保障作业人员人身安全。

②切实加强施工安全管理。

严格把好施工方案的制定、审查关。对方案中的安全技术措施尤其是上道作业的联络和防护措施，必须结合实际，对照标准逐项审查，涉及配合施工的方案必须明确安全防护责任主体单位，杜绝差错缺漏。

进一步完善施工安全联控机制。健全施工主体方与配合方驻站联络员间现场作业信息的互通互控措施，强化驻站联络员和现场防护员互通信息的监控措施，对在封锁区间施工且区间有路用列车运行的施工作业，必须在路用列车始发站派驻联络员。

③加强自轮运转设备管理。

健全和完善自轮运转设备管理制度，加强对自轮运转设备司乘人员的管理，促进司乘人员作业标准的全面落实。

④全面落实安全教育培训工作。

严格按照铁路局《关于进一步加强安全培训工作的通知》(广铁办函〔2013〕208号)要求，整改安全教育培训工作中存在的问题。要把劳务工与正式职工同等对待，依法保障其接受安全教育培训的权利。要落实好新入路、转岗、复工等人员的三级安全教育培训工作，抓好日常培训，提高员工自我保护意识和能力。

**【案例 2】** 忽视自身防护，酿成悲剧。

## 一、事故概况

2015 年 11 月 20 日，××工务大修段在京广下行线 K1505＋385 处（古培塘—川山坪区间）发生一起作业人员车辆伤害死亡事故，造成 1 人死亡。负责限速地段北头（K1505＋400 处）设置和撤除移动减速信号牌的一名施工慢行防护员，背对来车方向在京广下行线运行方向右侧钢轨外枕木头行走至 K1505＋385 处时，被通过的 T×××次旅客列车以 121 km/h 的速度撞上致死，构成铁路交通事故。

## 二、事故原因

该施工慢行防护员违反《广铁集团铁路营业线施工安全管理实施细则》中“现场防护员应根据施工作业现场地形条件、列车运行特点、施工人员和机具布置等情况确定站位和移动路径，并做好自身防护”和“当班时必须集中精力，认真瞭望，不得离岗和做与本职工作无关的事情”的规定，在上道进行施工慢行防护准备作业，已报告到岗后，擅自离开防护立岗地点，走行超出作业范围的路径，且忽视自身防护，背对来车方向行走钢轨外枕木头，被通过列车撞上导致死亡，是造成事故的直接原因。

## 三、事故教训

1. 深刻吸取事故教训。

召开扩大分析会，认真剖析在劳动安全管理、上道作业安全防护、单岗作业安全卡控、安全教育培训等方面存在的问题，全面加强劳动安全工作。

2. 加强单岗上道作业安全风险防范。

对单岗上道作业人员伤亡事故多发生在行走和横越线路过程中的特点，强化联络防护，严格手机（耳麦）管理，规范作业径路，完善防护设施(装备),改善作业环境,对风险进行控制、阻断。把单岗上道禁止性安全规定作为劳动安全不可逾越的底线。

严禁未设联络防护或未建立有效联系上道作业;

严禁上道作业时携带、使用手机或其他易导致作业分心的物品;

严禁在机车车辆限界范围内接打手机;

严禁上道作业时使用耳麦或者用衣帽等物品遮挡耳目;

严禁背对来车方向在线路上行走;

严禁横越线路不执行“一站、二看、三确认、四通过”和“眼看、手比、口呼”制度;

严禁作业侵限或抢越线路。

3. 加强施工劳动安全管理。

设备管理单位、施工单位严格执行施工安全会议会,把劳动安全作为会议重要内容和盯控关键项目,认真布置,定责到人,确保每施工点、施工关键环节监控到位,确保施工期间劳动安全。

4. 强化安全培训和安全警示教育工作。

①要组织入路时间不满5年的作业人员,查清楚在劳动安全知识掌握上存在的薄弱点,制定针对性培训方案,进行集中培训、考试。

②职教部门要进一步加强施工安全、联络及防护员培训,把作业人员人身安全有关规定纳入到培训和考试内容,促进其自身安全防范意识和能力的提高。

③要严格落实《铁路劳动安全培训规范》要求对培训考试不合格或达不到岗位资格要求的人员,严禁安排上岗作业。

④要严格落实安全警示教育制度,按规定组织开展警示教育和安全关键人员警示再教育,全面增强作业人员对生命安全的敬畏感和责任感。

**【案例3】** ××局“8·22”人身伤亡事故。

## 一、事故概况

2012年8月22日,××局××工务段××干线车间×××保养工区4名作业人员,在××下行线十××站至郭××站间作业时,被通过的8××××次货物列车撞上，造成3死1伤，构成铁路交通责任较大事故。

## 二、事故教训

1. 现场防护人员违章错误站位。防护员没有站在本线来车方向的路肩上防护，而是站在邻线路肩上，造成邻线列车通过时，作业人员无法听到现场安全防护员要求下道避车的呼叫，完全失去了安全防护作用。

2. 楼内安全联络员严重失职。一是楼内安全联络员在天窗作业结束后，未得到现场作业负责人通知、也不与现场安全防护员相互确认的情况下，就盲目按调度命令时间销记。二是下行线开通、8××××次货物列车从十××站开出后，楼内安全联络员漏通知在区间作业的作业人员，造成现场作业人员不知道区间已经开通、列车已经开来的重要安全信息。

3. 现场作业负责人盲目违章指挥作业。工长在天窗时间已经结束的情况下，未主动与楼内安全联络员联系，仍盲目指挥作业人员在线上继续作业，且在邻线列车通过的情况下，未及时组织作业人员下道避车。

4. 车间管理失责。当日有两处作业，分别在站内2号道岔处和区间K912＋880处，而K912＋880处为曲线地段，现场瞭望条件不良，但车间副主任没有选择关键处所监控，管理失责。

**【案例4】** ××局“3·19”人身伤亡事故。

## 一、事故概况

2014年3月19日2时54分，××电务段×××车间北信号工区，配合××工务段在××北环下行线大机捣固作业，1名信号工沿××线道心行走至K331＋377处，检查北环下行线轨道电路导接线连接情况时，被通过的C×6××次货物列车碰撞，当场死亡。

## 二、事故教训

1. 该信号工违反《铁路运输系统作业人员劳动安全关键点控制措施(试行)》规定,臆测邻线无来车,在道心行走。

2. 没有建立有效防护体系,工区未按规定安排驻站防护员进行防护,失去防护和卡控作用。

3. 现场防护员未站在便于瞭望和通知作业人员下道避车的地点,邻线来车时未有效和及时通知检查人员及时下道避车。

# 第四章　联络工具、防护用品的使用

联络防护应采用以有线电话、无线电台相辅的联络方式；室外道岔和信号机以相对固定作业时使用有线电话为主的联络方式；轨道电路等移动作业方式使用无线电台为主的联络方式；站场广播设备作为辅助联络工具，在使用站场广播设备时须与联络电话、电台同步使用。为防止相互干扰，多组作业可采用有线电话分咽喉，无线电台不干扰行车频道的联络方式，确保联络有效。

每次作业（含应急处置）必须进行全程录音，并将作业方式，检修人、防护员姓名，检修设备名称及检修内容，登记时分，销记时分，安全控制措施等记录在《楼内外联络登记簿》内。

## 第一节　基本要求

### 一、驻站联络员

1. 驻站联络员应穿防护服，佩戴驻站联络员证（见图 5-1）；必须提前在运统-46 上登记上道作业内容，必须提前检查试验并开启联络电话、电台（见图 5-2）、站场广播和录音设备（见图 5-3）等，确保设备状态良好；必须对安全联络全过程进行录音，并做好联络相关记录，联络结束后应保存录音文件。

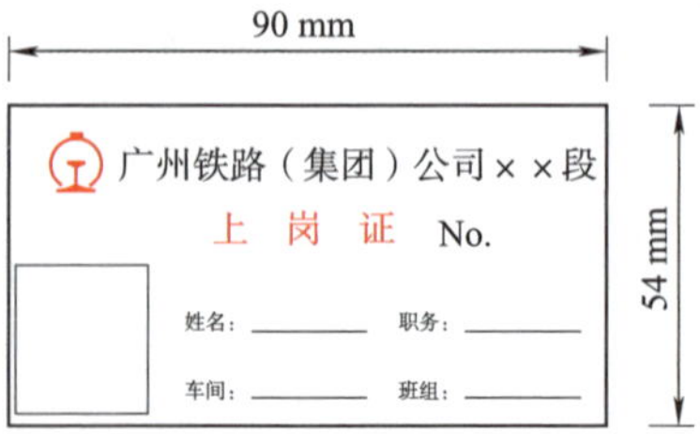


图 5-1　驻站联络员、现场防护员上岗证样式

图 5-2　联络电台样式

图 5-3　录音设备样式(录音笔)

2. 驻站联络员必须参加工前会，熟悉作业内容，掌握自轮运转设备及反方向运行情况，驻站联络员无法参加工前会的由施工负责人或指定专人负责向其传达工前会的要求。

3. 驻站联络员必须准确掌握列车运行、调车作业动态、调度命令信息和设备状态，及时准确向现场防护员通报，督促现场作业人员下道避车。

4. 驻站联络员必须挂牌上岗，严禁擅自离开运转室和做与盯台、联络防护无关的工作。因特殊情况确需暂时中断联络工作时，必须主动联系现场人员停止作业并下道避车，在得到“现场作业人员已全部下道到安全位置避车”的明确回复后，方可中断联络工作。恢复联络工作时应及时通知现场作业人员。

5. 驻站联络员必须清楚作业人员的作业内容及影响范围。联系、要点前，必须核对准确保护区段、侵限绝缘、防护道岔、带动道岔、照查条件、敌对信号、闭塞影响范围、供电接触网停电作业等情况，做好安全预想工作。

6. 驻站联络员必须保持与现场防护员通信畅通，并 3～5 min 联系一次。若联络通信中断应积极采取其他有效的通信手段恢复通信联络。

7. 驻站联络员必须于室外作业人员出发前到达行车室开始联络防护，确认室外作业人员已离开作业区域，并全部到达工区或指定安全地点后，方可终止联络防护。

## 二、现场防护员

1. 现场防护员必须挂牌上岗，按规定穿防护员专用防护服，携带联络电话或对讲机（GSM-R 手机）（图 5-4）、喇叭（口笛）（图 5-5）、防护旗（图 5-6）、防暑药品、蛇药等。严禁现场防护员离岗或做与安全防护无关的工作。

图 5-4　GSM-R 手机样式

图 5-5　喇叭样式

图 5-6　防护旗样式

2. 现场防护员必须清楚现场作业人员的作业内容、作业范围，防护员应根据施工作业现场地形条件、列车运行特点、施工人员和机具布置等情况，确定站位和移动路径，并做好自身防护。

3. 现场防护员与作业人员的安全防护距离不得超过 30 m，防护员必须站在安全、便于瞭望、能监控并呼唤到所防护的全部作业人员的位置，曲线地段或困难情况下，必须增设现场防护员，确保作业人员得到有效防护。

4. 现场防护员必须同现场作业人员同出同归，从作业人员离开工区或指定地点起至全部人员返回止，必须不间断防护（含往返路程）。作业完毕，现场防护员必须在确认最后一名作业人员下道到达安全地点后，方准离开防护位置。

5. 现场防护员必须加强与驻站联络员的联系，随时应答复诵联络员的呼唤，并不间断地瞭望机车车辆的运行情况，及时通知现场作业人员下道避车。一旦联络通信中断，应视为有列车通过，立即通知所有作业人员停止作业，下道至安全地点避车。

# 第二节　录音笔、无线电台、GSM-R 手机终端

## 一、录音笔

1. 联络员使用录音笔程序：联络准备、开机启用→联络开始、录音开始→联络工作中、录音工作中→联络结束、录音完毕→拆除联络电话（电台）、拆除录音笔→录音转储并上传→录音笔充电（根据需要）→录音笔回收保存。

2. 工区应对班前布置会、班后总结会、施工与配合施工预备会和总结会、应急处置过程进行录音。驻站联络员和现场防护员在作业期间应携带录音笔，对作业全过程进行录音。每次作业启用录音笔后，联络员应对着录音笔口述作业开始日期和时间、站名、联络员姓名、防护员姓名、作业内容。

（1）每次作业开始前，联络员、防护员应对着录音笔口述“今天是××年×月×日×点×分，联络员（防护员）×××开始联络（防护）录音”。

（2）每次作业结束后，联络员、防护员应对着录音笔口述“现在是××年×月×日×点×分，联络员（防护员）×××联络（防护）工作结束，终止联络防护”。

（3）工区负责录音笔的使用、录音数据转储，录音记录必须条条转储，建立录音数据文件夹及录音分析记录台账，录音文件保存不少于 3 个月（室外防护员录音文件可以由班组自行保存），未经单位主管安全领导同意严禁向外单位提供录音文件（包括监听、复制）。每次作业完毕，工区应将录音文件在当日全部转储保存至专门文件夹并上传至电务段指定网络系统位置，因网络不畅造成无法及时上传时，班组应向段调度汇报，请求延期上传，但最迟不得超过 3 个工作日。对不执行录音文件上传和保存规定的，按“红牌”考核，问题严重的按红线考核。

3. 录音笔电池的正确使用和保养方法

（1）严禁一边充电一边使用录音笔。

（2）严禁超长时间充电。

（3）注意爱护 USB 接口、充电接口，不要出现刮花或者损耗情况。

4. 录音文件分析及抽查

(1)重点落实联络录音分析制度及考核制度，段、车间、工区有关管理人员抽查分析录音文件的量化指标按照本单位的文件执行。

(2)驻站联络员在作业期间，应携带具有录音功能的对讲机或录音笔，对作业全过程进行录音。录音文件必须条条转储，保存不少于3个月。

(3)段、车间及班组录音文件分析及抽查规定：

①工长(副工长)在班后总结会上，对当天联络及防护工作存在的问题进行分析，组织整改。

②车间干部每人每月对工区录音数据文件抽查分析不少于5个，车间抽查每季度必须覆盖管内各工区。

③段主管领导每月抽查不少于2个车间的录音文件分析量化任务完成情况，抽查工区录音文件不少于1个；段主管科室每月抽查不少于4个车间的录音文件分析量化任务完成情况，抽查工区录音文件不少于10个。

## 二、无线电台

1. 无线通信设备，没有装天线时，禁止发射；日常使用时天线勿折。

2. 对讲：调好两个信道，按住PTT键对准喇叭讲话来呼叫对方，松开PTT键即可接收对方话音。

3. 手持电台充电时不能发射，应关闭电源开关再充电。

4. 无线电台作为辅助联络工具，当收发信号不清晰时，以联络电话为准，否则视为联络中断。

5. 手持台电池首次充电时间为16 h，日常使用充电时间为10 h，手持台不用时，应半联动除掉电池，使电池与主机脱离，从而保持电池电量；手持台电池使用2个月，应对电池放电，以增强电池使用寿命。

6. 注意电台话筒的位置，以免发声话筒处于常发状态，干扰通信工作和造成电台烧坏。

## 三、GSM-R手机终端

GSM-R手机是用于高速铁路的专用通信工具，需要合理使用，确保信息畅通。

1. 认真阅读使用说明书，熟悉手机各按键功能；使用时按使用说明书正确操作。

2. 接收 GSM-R 手机前检查配件是否齐全，开机检查是否能正常启动和使用。

3. 各站值班用 GSM-R 手机要保证 24 h 开机，由专人看管，每次交接班时要把 GSM-R 手机作为重要物品交接。

4. 施工（维修）作业使用 GSM-R 手机由专人用于施工中联络，作业后妥善保管。

5. 新 GSM-R 手机使用前要关机充电 5 h；日常使用中当显示电池容量只剩一格时及时充电。

6. 禁止使用 GSM-R 手机玩游戏。

7. 禁止使用“紧急呼叫”按钮，易造成网络堵塞或网络中断。

8. 禁止尝试拆卸手机。

9. 在任何禁止使用手机的场所都要关闭手机。

10. 请勿在潮湿环境中使用，并让手机远离液体或湿气。

11. 请勿将手机置于极端温度（低于－10℃或高于＋55℃）。

12. 为避免消磁的危险，要远离其他电子设备。

13. 作业时防止雨淋 GSM-R 手机。

# 第五章　岗位作业标准与联络、防护作业联控

## 第一节　联络员、现场防护员及施工负责人的作业联控基本要求

1. 铁路局管内进行的铁路营业线施工作业、维修作业、收卸料作业、点外作业及邻近营业线施工作业，作业单位均须按规定安排驻站（调度所）联络员、现场防护员及施工负责人（作业负责人），并严格进行作业联控。

2. 施工（维修）作业负责人应根据施工（维修）作业计划提前组织联络员、防护员、作业人员召开预备会，根据作业现场地形条件、列车运行特点、施工（维修）作业人员位置和机具布置等情况，对安全防护、安全联络事项，来回基本路径等进行研究，制定针对性安全防范措施。

3. 施工单位及设备管理单位负责制定并落实本单位联络员、现场防护员及施工负责人联控作业管理实施细则，组织联控方面的业务培训，严格执行联控制度。

4. 联控通信工具：

（1）施工及设备管理单位负责为联络员、现场防护员、施工负责人配备性能良好的通信工具，通信工具应具备录音回放功能（或通过录音设备对联控作业过程进行实时录音），联络员原则上应佩戴耳麦，以减少对车站值班员（列车调度员）作业的干扰。

（2）作业开始前，联络员、现场防护员、施工负责人须对通信工具进行检查，确认通信工具状态良好、电池电量满足作业期间的通信需求，并相互进行通话试验，确保通信畅通。为满足通信工具发生故障时的应急处理需求，联络员、现场防护员、施工负责人应携带备用通信工具上岗。

## 第二节　驻站(调度所)联络员、现场防护员及施工负责人联控

1. 施工或维修作业前预备会(班前会),施工负责人(作业负责人)、联络员、防护员应根据施工作业现场地形条件、列车运行特点、施工人员位置和机具布置等情况,对安全防护、安全联络事项、来回基本路径等进行研究,制定针对性措施。

2. 作业前,联络员、防护员、施工负责人(维修作业负责人)必须对联络工具(联络电话、电台、GSM-R 手机、录音笔等)进行检查,试验并确认联络工具状态良好,联络工具不良不得上道。

3. 楼内联络员和现场防护员未到岗前,作业人员不得上道作业。作业过程中,联络员、防护员、施工负责人(维修作业负责人)必须保持通信畅通。一旦联络通信中断,施工负责人(维修作业负责人)、防护员应通知所有作业人员立即下道。

4. 联络员、防护员严禁离岗或做与防护无关的工作,不得中途临时调换;遇到突发疾病等特殊情况下按照本站段的应急措施执行。现场防护员必须站在安全、便于瞭望,能监控并呼唤到所防护的全部作业人员的位置,曲线地段或困难情况下,必须增设防护员,确保作业人员得到有效防护。

5. 施工或维修作业完成后,施工负责人(维修作业负责人)、防护员必须确认全部作业人员、机具、材料已全部撤离到安全地点,才能申请销记,开通设备。

6. 联络员、防护员及施工负责人(维修作业负责人)严格执行实名呼唤应答制度,应做到呼唤应答及时,严格执行联络复诵制度;安全防护员必须与作业人员同出同归。

7. 联控时机要求:

联络员必须准确掌握列车运行情况,将邻站预告通知(指单线列车办理闭塞、复线邻站发车通知)、排列进路通知(指列车及调车进路排列前通知、排列后通知)、列车接近通知等及时准确地告知现场防护员及施工负责人(维修作业负责人)。

(1)普速区段,在站内、区间作业时,联络员必须及时通知现场防护员、施工负责人(维修作业负责人)。

①半自动闭塞区段,办理闭塞、邻站发车、列车接近、列车进站时,联络员必须通知现场防护员。

②自动闭塞区段,本线来车时,联络员须在列车距作业地点不少于两个闭塞分区前通知现场防护员;邻线来车时,联络员须在列车距作业地点不少于一个闭塞分区前通知现场防护员。

③作业人员下道避车时应遵守以下规定:

a. 本线来车下道规定:当列车速度大于 60 km/h,小于(含等于)120 km/h 时,本线人员必须在列车距作业地点 800 m 前下道避车;当列车速度大于 120 km/h,小于(含等于)160 km/h 时,本线人员必须在列车距作业地点 1 400 m 前下道避车。

b. 邻线(线间距小于 6.5 m)来车下道规定:当列车速度大于 60 km/h,小于(含等于)120 km/h 时,本线人员必须停止作业;当列车速度大于 120 km/h,小于(含等于)160 km/h 时,本线人员必须在列车距作业地点 1 400 m 前下道避车。瞭望条件不良,邻线来车时本线必须下道。

c. 当列车速度小于(含等于)60 km/h 或在站内其他线路作业,躲避本线列车时,下道距离不小于 500 m;邻线来车时,与正线相邻的站线按 a 和 b 的要求办理,其他站线可不下道,但必须停止作业。

④天窗点外巡视,本线或邻线来车时,联络员必须及时通知防护员,作业人员必须下道避车。

⑤ V 型天窗内,邻线来车时,联络员必须及时通知防护员,作业人员须停止作业,严禁在两线间站立,严禁横越来车线;岔群作业来车径路不明时,必须下道至安全处所避车。

⑥垂直天窗作业,应重点做好天窗前后的安全防护工作。施工(作业)负责人或安全防护员与联络员须确认调度命令给点时间及内容后,方可开始作业;联络员必须准确掌握销记时间,并在天窗时间结束前 10 min 及时提醒现场作业人员。

⑦在桥梁上、隧道内进行作业时,联络员须提前通知现场防护员、施工负责人(维修作业负责人),确保作业人员安全撤离桥梁、隧道或进

入避车台(洞)避车。

(2)高速区段,必须严格执行“天窗修”,严格落实“上道不行车、行车不上道”规定,未下达调度命令前,严禁进入栅栏内、严禁上道。

①天窗内作业。调度命令下达后,驻调度所或车站联络员与施工(作业)负责人相互确认作业时间、作业范围、作业内容、上道作业人员等后,方可通知作业人员上道。

②非天窗作业。当发生设备故障或其他特殊情况,需在双线区间的一条线上处理设备故障时:

a. 联络员须向列车调度员申请本线封锁、邻线限速 160 km/h,调度命令下达后,联络员必须准确向作业负责人、现场防护员通报调度命令,相互确认后作业人员方可上道。

b. 邻线来车时,严禁在两线间站立,严禁横越来车线。跨越线路前作业负责人、现场防护员须与联络员确认无列车通过。

c. 故障处理时,联络员每 3～5 min 与现场防护员通话,随时掌握现场作业情况。当现场联络中断(连续 3 次联系不上视为联络中断)或联络困难时,现场防护员应通知作业人员停止作业,下道避车。

d. 现场作业负责人确认各批次、不同地点上道人员及机具、材料等全部撤离至栏栅以外,方可申请销点。

③作业完毕,联络员与作业负责人确认设备试验良好,确认设备加锁、固定良好,确认人员、材料、机具、仪表等全部撤离至栏栅以外,方可申请销记。

## 第三节　安全联控标准用语(示例)

### 一、调度命令下达时联控用语

(1)联络员:“××(施工、维修作业)调度命令已下达,调度命令内容:××××”。

(2)施工负责人(维修作业负责人):“××(施工、维修作业)调度命令已下达,调度命令内容:××××,××(姓名)明白”。

## 二、施工或维修作业上道时联控用语

(1)现场防护员、施工负责人(维修作业负责人):"××道岔(信号机、轨道电路、其他电务设备)作业人员、机具、材料开始上道,请楼内××(姓名)及时通报列车运行情况"。

(2)联络员:"楼内××(姓名)明白,请注意上道及途中人身安全"。

## 三、列车接车通知时联控用语

(1)联络员:"××道岔(信号机、轨道电路、其他电务设备)现场防护员、施工负责人(维修作业负责人)请注意,××次列车上(下)行进×道停车,现已开放信号,请注意安全"。

现场防护员:"××次列车上(下)行进×道停车,现已开放信号,××道岔(信号机、轨道电路、其他电务设备)××(姓名)明白"。

(2)联络员:"××道岔(信号机、轨道电路、其他电务设备)现场防护员、施工负责人(维修作业负责人)请注意,××次列车上(下)行进×道停车,已经接近请下道避车"。

现场防护员:"××次列车上(下)行进×道停车,已经接近,××道岔(信号机、轨道电路、其他电务设备)××(姓名)明白"。

## 四、列车发车通知时联控用语

(1)联络员:"××道岔(信号机、轨道电路、其他电务设备)现场防护员、施工负责人(维修作业负责人)请注意,××次列车上(下)行×道发车,现已开放信号,请下道避车"。

(2)现场防护员:"××次列车上(下)行×道发车,现已开放信号,××道岔(信号机、轨道电路、其他电务设备)××(姓名)明白,人员已全部下道到安全避车位置"。

## 五、列车站内通过通知时联控用语

(1)联络员:"××道岔(信号机、轨道电路、其他电务设备)现场防护员、施工负责人(维修作业负责人)请注意,××次列车上(下)行×道通过现已开放信号,请注意安全"。

现场防护员："××次列车上(下)行×道通过现已开放信号，××道岔(信号机、轨道电路、其他电务设备)××(姓名)明白"。

(2)联络员："××道岔(信号机、轨道电路、其他电务设备)现场防护员、施工负责人(维修作业负责人)请注意，××次列车上(下)行×道通过，现已接近，请下道避车"。

现场防护员："××次列车上(下)行×道通过，已经接近，××道岔(信号机、轨道电路、其他电务设备)××(姓名)明白"。

## 六、列车区间通过通知时联控用语

(1)联络员："××区间现场防护员、施工负责人(维修作业负责人)请注意，××次列车上(下)行××站列车已发车，注意及时下道避车"。

现场防护员："××次列车上(下)行××站已发车，××区间点××(姓名)明白"。

(2)联络员："××区间现场防护员、施工负责人(维修作业负责人)请注意，××次列车已接近(一、二、三闭塞分区)，请下道避车"。

现场防护员："××次列车已接近(一、二、三闭塞分区)，××区间点××(姓名)明白"。

## 七、施工或维修作业完成设备试验时联控用语

(1)施工负责人(维修作业负责人)："××道岔(信号机、轨道电路、其他电务设备)作业完毕，请楼内试验"。

(2)联络员："楼内××(姓名)明白，请注意人身安全"。

## 八、施工或维修作业完成人员撤离时联控用语

(1)施工负责人(维修作业负责人)："××道岔(信号机、轨道电路、其他电务设备)人员、机具、材料已全部撤离到安全地点，申请销记"。

(2)联络员："楼内××(姓名)明白，人员、机具、材料已全部撤离到安全地点，同意销记，请注意下道及途中人身安全"。

注：本书没有涵盖到的现场作业实际情况部分，请参考相关单位的联控用语细化措施。

# 第六章　登记、销记及楼内外联络登记

## 第一节　运统-46登记、销记

运统-46按用途分为:《行车设备施工登记簿》《行车设备检查登记簿》《轨道电路分路不良区段登记簿》。本章重点介绍《行车设备施工登记簿》《行车设备检查登记簿》。

### 一、运统-46设置地点

1. 普速铁路车站:行车室(综合自动化驼峰调度大厅行车控制台)、作业楼《行车设备施工登记簿》按电务、工务、供电(电气化区段)专业各设一本,其他专业共用一本;《行车设备检查登记簿》《轨道电路分路不良区段登记簿》各设一本。车站调度员室(调车区长室)是否设置在《站细》中明确。

2. 高速铁路车站(含动车所,下同):行车室《行车设备施工登记簿》按电务、工务、供电、通信、房建专业各设一本,其他专业共用一本;《行车设备检查登记簿》《轨道电路分路不良区段登记簿》各设一本。

3. 调度所:值班主任岗位《行车设备施工登记簿》《行车设备检查登记簿》各设一本;调度集中区段列车调度台《行车设备检查登记簿》《轨道电路分路不良区段登记簿》各设一本,《行车设备施工登记簿》按电务、工务、供电、通信、房建专业各设一本,其他专业共用一本。

4. 段管线行车室(机调室、作业楼、闸楼等)、动车段(所)调度室《行车设备施工登记簿》《行车设备检查登记簿》各设一本。

5. 正式启用电子运统-46的车站,不填记纸质运统-46,但须配置纸质运统-46备用。

### 二、运统-46保管

1. 车站设置的运统-46由设置地点的车站值班员(含车务应急值

守人员，下同）、驼峰值班员、车站调度员（调车区长）负责保管。

2. 调度所设置的运统-46由值班主任、列车调度员负责保管。

3. 运统-46应编写页码，严禁撕毁，填记内容修改时须加盖双方私人名章，使用完毕后保存一年。

## 三、运统-46使用范围

1. 有计划的施工和维修作业，填记《行车设备施工登记簿》。

2. 遇下列情况时，填记《行车设备检查登记簿》：

（1）普速铁路

①固定行车设备故障。

②符合规定的天窗点外维修。

③临时抢修作业。

④对固定行车设备的全面检查和专项检查。

⑤启封使用加封设备或使用设有计数器的设备。

⑥区间存在轨道电路分路不良或工务换轨后轨道电路分路不良。

⑦电务部门日常检查、道岔清扫等需操动道岔、电源转换以及倒屏试验。

⑧工务部门雨天出巡。

⑨其他需使用《行车设备检查登记簿》登记的情况。

（2）高速铁路

①固定行车设备故障。

②临时要点作业。

③对固定行车设备的全面检查和专项检查。

④启封使用加封设备或使用设有计数器的设备。

⑤区间存在轨道电路分路不良或工务换轨后轨道电路分路不良。

⑥其他需使用《行车设备检查登记簿》登记的情况。

## 四、运统-46填记场所

### （一）普速铁路

1. 站内固定行车设备施工维修作业或故障时，在车站办理填记；区间固定行车设备施工维修作业或故障时，在一端车站办理填记；施工维修涉及多个区间时，应在施工计划中明确运统-46 填记车站。

2. TDCS/CTC 中心设备、通信段中心机房设备、数调设备等施工维修作业或故障时，在调度所办理填记。

3. 段管线内设备的施工维修作业或故障时，在段管线行车室（机调室、作业楼、闸楼等）办理填记，无行车室时在车站办理填记。

4. 销记场所应与登记场所一致。

### （二）高速及城际铁路

1. 广珠城际铁路（广州南站及其相邻区间除外）、CTC 中心设备、通信段中心机房设备及列车调度台设备的施工维修作业在调度所填记运统-46，其他施工维修作业在车站填记运统-46。

2. 高速及城际铁路设备故障时，下列情况在车站填记运统-46：

（1）车站值班员办理行车业务的车站，站内或其相邻区间的行车设备故障时（接触网设备故障除外）。

（2）海南环岛高速铁路除接触网设备、列车调度台设备以外的其他行车设备故障时。

（3）房建设备故障影响行车时（广珠城际铁路除外）。

（4）使用电动转辙机备用钥匙、手摇把时。

（5）站台上紧急停车按钮、站台门、防淹门故障时。

除上述情况外的其他设备故障，在调度所列车调度台填记运统-46。

3. 高速及城际铁路各受控站的运统-46 填记，按照上述规定在所属主控站或调度所办理。

4. 在车站办理登销记时，对区间固定行车设备施工维修作业或故障，在区间一端车站办理填记；施工维修涉及多个区间时，应在施工计划中明确运统-46 填记车站。

5. 动车所内固定行车设备的施工维修影响办理接发列车及动车组转场时，在车站办理填记；仅影响检修线使用时，在动车所调度室办理登记。

6. 销记场所应与登记场所一致。

7. 高速及城际铁路车站填记运统-46时，车站值班员须及时将运统-46填记内容报告列车调度员。

## 五、运统-46填记要求

### (一)纸质运统-46填记基本要求

1. 使用黑色或蓝色笔迹的钢笔、圆珠笔顶格填写，字句间不留空格，字迹清晰、工整(可使用盖章方式)，不用栏不填写。

2. 填记内容错漏时，可圈掉错误内容或添加字句，但必须由专职联络员和列车调度员或车站值班员(含车站调度员、调车区长等，下同)双方分别在更改处加盖红色私人名章。无名章时应将整项登记内容作废重写。

3. 因故不能给点时，在承认栏或给点时间栏注明不能给点原因并签认。

4. 一张表格填记不下时，另起一张续填；换本时，未销记的项目由原登记单位转抄至新本。

5. 填记时刻以签认时TDCS/CTC/CCS系统、行车室(作业楼)时钟显示的时间为准。

6. 里程表示方法为：K××+××至K××+××。

### (二)《行车设备施工登记簿》填记规定

1. 施工维修时，由施工维修单位驻车站(调度所)联络员负责办理登销记，配合单位、设备管理单位联络员须办理签认。

两个及以上单位共用施工天窗时，主体施工单位联络员负责填记，共用天窗的单位、配合单位联络员均须及时办理签认。

施工登销记在调度所办理时，非设备管理单位施工由设备管理单位代为办理，设备管理单位负责对其登销记内容进行审核并签认。

2. 办理施工维修填记时，施工维修单位联络员应于施工维修开始前40 min(高速铁路为60 min)登记运统-46，确认无误并签认后，交车站值班员(列车调度员)签认。施工维修单位可将打印并裁剪好的施工或维修日计划粘贴于"请求施工登记"栏，并在骑缝处加盖联络员红色私人名章。

3."施工编号"栏填记施工日计划编号;"施工项目"栏按施工(维修)日计划填记施工项目,纳入日计划的维修作业可填记"天窗修"。

4."作业申请栏":如需接触网停电,应注明"需接触网停电";施工维修需其他单位配合时,应注明"需××部门配合"字样。

5. 车站值班员(列车调度员)在"承认施工"栏填记相关内容并签认,待专职联络员签认后,将调度命令交专职联络员,由专职联络员通知现场作业负责人。

6. 驻站(所)联络员在调度命令下达的施工结束时间前30 min在运统-46内填记施工销记内容,待施工结束具备开通条件时,根据施工负责人指令,再填记销记时间并签认。在施工单位填记销记内容后,车站值班员、列车调度员应及时确认销记内容和有关行车条件,具备开通条件后,按规定签认、开通。

施工完毕办理销记时,联络员必须确认所有施工(维修)作业项目(包括配合单位、作业项目)作业完毕,人员、机具已撤离,现场清理完毕,经现场作业负责人确认达到放行列车条件,申请销点后,方可办理销点手续。遇特殊情况不能按规定时间结束施工或维修时,联络员原则上提前20 min(高速铁路为30 min)以上办理延点申请。

7. 施工维修单位遇特殊情况取消某项施工维修计划时,联络员应在施工栏填记"因××原因取消该项计划",并由联络员、车站值班员(列车调度员)签名确认。

8. 车站值班员(列车调度员)应认真核对《行车设备施工登记簿》填记内容,确认无误后按规定签认。在车站填记时,车站盯岗人员须认真审核填记内容并逐项签名。

### (三)《行车设备检查登记簿》填记规定

1. 设备故障时,车站值班员(列车调度员)应及时通知设备管理单位,并在《行车设备检查登记簿》"通知方法"栏内填记通知方式。设备管理单位联络员到达后填写"到达时间",签名确认,并填记"影响范围"。

2. 设备故障需通知多个单位时,车站值班员(列车调度员)只填记一次《行车设备检查登记簿》，各设备管理单位分别填记并签认。

3. 设备故障需要点进行处理时，设备管理单位在“作业内容”栏填记作业内容及要点时间并签认（注明签认时刻），车站值班员（列车调度员）在“给点时间”栏内填记给点时间并签认（注明签认时刻）。

4. 设备故障处理完毕销记时，专职联络员应在“破损及不良的原因”和“处理后的设备状态”栏填记设备故障原因和处理后的状态，并与车站值班员（列车调度员）签认，各栏首行应对齐；故障原因暂无法查明时，应注明“原因待查”，并于查明后及时填记原因。

5. 设备故障不能及时修复时，设备管理单位应根据实际情况立即登记设备故障原因，并在“处理后的设备状态”栏登记设备停用情况及封锁、限速、降弓通过等行车限制条件。

6. 设备故障分步销记时，应在上次销记（含签认）内容的下一行接续填记。

7. 轨道电路不能正常解锁时，在《行车设备检查登记簿》内登记原因。

8. 普速铁路电务部门日常检查、清扫、注油需在天窗外操动道岔时，应提前在《行车设备检查登记簿》上登记需操动的道岔号码，由车站值班员根据列车运行及调车作业情况安排，作业过程中不再逐组办理要点、给点手续。如操动道岔检查试验需瞬间断表示，电务应在登记时注明“道岔瞬间断表示不影响正常使用”。

9. 车站管理人员每旬末对《行车设备检查登记簿》进行一次检查，并在检查时最后一页空白处填写检查情况、存在问题、检查日期并签名（本旬无登记时可不填写）。

## 第二节　运统-46 登记样张

### 一、高速铁路运统-46 登记（部分）样张

（一）调度所运统-46 登记样张

1.《行车设备施工登记簿》填记样张（粗体为设备单位填写，斜体为列车调度员填写）

| 请求施工登记 | | | | | | 承认施工 | 施工后开通检查、销记 | | | 施工开通 |
|---|---|---|---|---|---|---|---|---|---|---|
| 施工编号 | 施工项目 | 月日 | 时分 | (1)影响使用范围（需要的限速或封锁条件）<br>(2)专职联络员签名<br>(3)车站值班员签名 | 所需时分 | (1)命令号及发令时间<br>(2)施工起止时间<br>(3)车站值班员签名<br>(4)专职联络员签名 | 月日 | 时分 | (1)恢复使用范围和条件（开通后恢复常速确认）<br>(2)专职联络员签名<br>(3)车站值班员签名 | (1)开通（恢复常速）命令号码及开通时间<br>(2)专职联络员签名<br>(3)车站值班员签名 |
| | | | | 张三<br>**粘贴施工（维修）日计划（各设备管理单位及列车调度员签认）**<br>**在需延点的施工（维修）项目旁注明“因××原因不能按时开通，申请延点×　min”（如为粘贴计划，在该项计划旁注明），并加盖红色私人名章、签认时间。** | | *(1)施工命令×号，0:09；停电* | **12. 1** | **4:20** | **(1)第×项施工（维修）作业尚未** | *(1)开通命令×号：4:20；送* |
| | | | | | | *命令×号，***0:09** | | | **完毕，申请延点。 其余各项作业** | *电命令×号：4:20* |
| | | | | | | *(2)施工起止时间：***0:10—4:20** | | | **完毕，设备恢复正常。 所有机具、** | **(2)××工务段：××，4:20** |
| | | | | | | *(3)列车调度员：××，××，* | | | **物料、人员已撤离，申请开通。** | **××供电段：××，4:20** |
| | | | | | | *0:09* | | | **(2)××工务段：××，4:20** | *(3)列车调度员：××，××，* |
| | | | | | | **(4)××工务段：××，0:10** | | | **××供电段：××，4:20** | *4:20* |
| | | | | | | **××供电段：××，0:10** | | | *(3)列车调度员：××，××，4:20* | |
| | | | | | | *(1)调度命令×号，4:15* | **12. 1** | **4:50** | **(1)第×项施工（维修）作业** | *(1)开通命令×号：4:50* |
| | | | | | | *(2)第×项施工（维修）* | | | **完毕，设备恢复正常。所有机具、** | **(2)××工务段：××，4:50** |
| | | | | | | *作业延点至4:50。* | | | **物料、人员已撤离，申请开通。** | *(3)列车调度员：××，××，* |
| | | | | | | *(3)列车调度员：××，* | | | **(2)××工务段：××，4:50** | *4:50* |
| | | | | | | *××，4:15* | | | *(3)列车调度员：××，××，* | |
| | | | | | | **(4)××工务段：××，4:15** | | | *4:50* | |
| | | **12. 1** | **23:10** | **(2)××工务段：××，** | | | | | | |
| | | | | **23:10** | | | | | | |
| | | | | **××供电段：××，** | | | | | | |
| | | | | **23:10** | | | | | | |
| | | | | *(3)列车调度员：××，* | | | | | | |
| | | | | *××，23:30* | | | | | | |

2.《行车设备检查登记簿》填记样张（粗体为设备单位填写，斜体为列车调度员填写）

（1）道岔无表示（电务原因，不需上道作业）

登记单位（部门）：*××台*　　　　*2012* 年*12* 月*1* 日*8* 时*30* 分　　　　运统-46

<table>
<tr><td rowspan="3">项目</td><td colspan="2">通知时间</td><td colspan="2">到达时间</td><td rowspan="2">通知方法</td><td rowspan="2">专职联络员到达后签名</td><td colspan="5" rowspan="2">消除不良及破损后的时分、签名</td></tr>
<tr><td>月日</td><td>时分</td><td>月日</td><td>时分</td></tr>
<tr><td>12.1</td><td>8:31</td><td>12.1<br>12.1</td><td>8:35<br>8:35</td><td>（电话、<s>书面或口头</s>）</td><td>××<br>××</td><td>破损及不良的原因</td><td>处理后的设备状态</td><td>设备管理单位及车站签名</td><td>月日</td><td>时分</td></tr>
<tr><td rowspan="2">设备名称编号</td><td colspan="6" rowspan="2">×站×号道岔。</td><td>××。</td><td>经处理，电务设备恢复正常，试验良好，</td><td>××电务段：××</td><td>12.1</td><td>9:10</td></tr>
<tr><td></td><td>交付使用。</td><td></td><td></td><td></td></tr>
<tr><td rowspan="2">故障状态</td><td colspan="6" rowspan="2">×位无表示。</td><td></td><td></td><td>列车调度员：××</td><td>12.1</td><td>9:11</td></tr>
<tr><td></td><td></td><td>××</td><td></td><td></td></tr>
<tr><td rowspan="3">影响范围</td><td colspan="6" rowspan="3">经由×号道岔的接发列车及调车作业。××电务段：××，8:36。××工务段：××，8:36。</td><td></td><td></td><td></td><td></td><td></td></tr>
<tr><td></td><td></td><td></td><td></td><td></td></tr>
<tr><td></td><td></td><td></td><td></td><td></td></tr>
<tr><td rowspan="3">作业内容</td><td colspan="6" rowspan="3"></td><td></td><td></td><td></td><td></td><td></td></tr>
<tr><td></td><td></td><td></td><td></td><td></td></tr>
<tr><td></td><td></td><td></td><td></td><td></td></tr>
<tr><td rowspan="2">给点时间</td><td colspan="6" rowspan="2"></td><td></td><td></td><td></td><td></td><td></td></tr>
<tr><td></td><td></td><td></td><td></td><td></td></tr>
</table>

注：破损及不良的原因栏须登记为电务设备故障（一时不能查明时，注明“电务设备故障造成，原因待查。”）。

（2）道岔无表示（电务原因，需上道作业）

登记单位(部门)：××台　　2012 年12 月1 日8 时30 分　　运统-46

| 项目 | 通知时间 | | 到达时间 | | 通知方法 | 专职联络员到达后签名 | 消除不良及破损后的时分、签名 | | | | |
|---|---|---|---|---|---|---|---|---|---|---|---|
| | 月日 | 时分 | 月日 | 时分 | | | 破损及不良的原因 | 处理后的设备状态 | 设备管理单位及车站签名 | 月日 | 时分 |
| | 12.1 | 8:31 | 12.1<br>12.1 | 8:35<br>8:35 | (电话、书面或口头) | ××<br>×× | | | | | |
| 设备名称编号 | ×站×号道岔。 | | | | | | 原因待查。 | **X 号道岔定位（反位）正常，可正常开** | ××电务段：×× | **12.1** | **8:40** |
| | | | | | | | | **放信号。 申请停用经由 X 号道岔反位** | | | |
| | | | | | | | | **（定位）的列车及调车信号。** | | | |
| 故障状态 | ×位无表示。 | | | | | | | | 列车调度员：×× | 12.1 | 8:41 |
| | | | | | | | | | ×× | | |
| | | | | | | | ××。 | 上道作业完毕，所有机具、物料、人员 | ××电务段：×× | **12.1** | **9:30** |
| 影响范围 | **经由×号道岔的接发列车及调车作业。 ××电务段：××，8:36。 ××工务段：××，8:36。** | | | | | | | 已撤离，申请开通。 电务设备恢复正常， | | | |
| | | | | | | | | 试验良好，交付使用。 | | | |
| | | | | | | | | | 列车调度员：×× | 12.1 | 9:31 |
| 作业内容 | **申请封锁×号道岔进行上道作业，作业期间邻线 K××+××至 K××+××限速 160 km/h，要点 20 min。 ××电务段：××，9:05。 ××工务段：××，9:05。** | | | | | | | | ×× | | |
| | | | | | | | | 上道作业完毕，所有机具、物料、人员 | ××工务段：×× | **12.1** | **9:30** |
| | | | | | | | | 已撤离，申请开通。 工务设备正常。 | | | |
| 给点时间 | 调度命令×号，自 9:10 起准许上道。 | | | | | | | | 列车调度员：×× | 12.1 | 9:31 |
| | | | | | | | | | ×× | | |

（3）车站轨道电路红光带（电务原因，可立即恢复）

登记单位（部门）：××台　　　　2012 年12 月1 日8 时30 分　　　　运统-46

| 项目 | 通知时间 | | 到达时间 | | 通知方法 | 专职联络员到达后签名 | 消除不良及破损后的时分、签名 | | | | |
|---|---|---|---|---|---|---|---|---|---|---|---|
| | 月日 | 时分 | 月日 | 时分 | | | 破损及不良的原因 | 处理后的设备状态 | 设备管理单位及车站签名 | 月日 | 时分 |
| | 12.1 | 8:31 | 12.1<br>12.1 | 8:35<br>8:35 | （电话、~~书面或口头~~） | ××<br>×× | | | | | |
| 设备名称编号 | ×站×DG。 | | | | | | ××。 | **上道作业完毕，所有机具、物料、人员** | **××电务段：××** | **12.1** | **9:50** |
| | | | | | | | | **已撤离，申请开通。电务设备恢复正常，** | | | |
| 故障状态 | 红光带（闪现红光带）。 | | | | | | | **试验良好，交付使用。** | | | |
| | | | | | | | | | 列车调度员：×× | 12.1 | 9:51 |
| 影响范围 | **经由×DG的接发列车和调车作业。××电务段：××，8:36。××工务段：××，8:36。** | | | | | | | | ×× | | |
| | | | | | | | | **上道作业完毕，所有机具、物料、人员** | **××工务段：××** | **12.1** | **9:50** |
| | | | | | | | | **已撤离，申请开通。工务设备正常。** | | | |
| 作业内容 | **申请封锁×站至×站间×行线在K××+×××至K××+×××处进行上道作业，作业期间邻线K××+×××至K××+×××限速160 km/h，要点20 min。××电务段：××，9:10。××工务段：××，9:10。** | | | | | | | | 列车调度员：×× | 12.1 | 9:51 |
| | | | | | | | | | ×× | | |
| | | | | | | | | | | | |
| 给点时间 | 调度命令×号，自9:30起准许上道。 | | | | | | | | | | |
| | | | | | | | | | | | |

(4)区间轨道电路红光带(电务原因,可立即恢复)

登记单位(部门):××台　　　　2012 年12 月1 日8 时30 分　　　　运统-46

| 项目 | 通知时间 月日 | 通知时间 时分 | 到达时间 月日 | 到达时间 时分 | 通知方法 | 专职联络员到达后签名 | 消除不良及破损后的时分、签名：破损及不良的原因 | 处理后的设备状态 | 设备管理单位及车站签名 | 月日 | 时分 |
|---|---|---|---|---|---|---|---|---|---|---|---|
| | 12.1 | 8:31 | 12.1<br>12.1 | 8:35<br>8:35 | (电话、~~书面或口头~~) | ××<br>×× | | | | | |
| 设备名称编号 | ×站至×站间×行线。**闭塞分区编号×G(防护的通过信号机号码为×号)，起止里程K××+××至K××+××。** | | | | | | ××。 | **上道作业完毕，所有机具、物料、人员** | **××电务段：××** | **12.1** | **9:50** |
| | | | | | | | | **已撤离，申请开通。电务设备恢复正常，** | | | |
| 故障状态 | 红光带(闪现红光带)。 | | | | | | | **试验良好，交付使用。** | | | |
| | | | | | | | | | 列车调度员:×× | 12.1 | 9:51 |
| 影响范围 | **经由×G区段的列车运行。××电务段：××，8:36。××工务段：××，8:36。** | | | | | | | | ×× | | |
| | | | | | | | | **上道作业完毕，所有机具、物料、人员** | **××工务段：××** | **12.1** | **9:50** |
| | | | | | | | | **已撤离，申请开通。工务设备正常。** | | | |
| 作业内容 | **申请×站登乘动车组列车运行至×站至×站间×行线K××+××处停车下人。申请封锁×站至×站间×行线在K××+××至K××+××处进行上道作业，作业期间邻线K××+××至K××+××限速160 km/h，要点20 min。××电务段：××，9:10。××工务段：××，9:10。** | | | | | | | | 列车调度员:×× | 12.1 | 9:51 |
| | | | | | | | | | ×× | | |
| | | | | | | | | | | | |
| 给点时间 | 调度命令×号,准许×站登乘×次。<br>调度命令×号,自 9:30 起准许上道。 | | | | | | | | | | |
| | | | | | | | | | | | |

（5）天窗外上道作业

登记单位(部门)：××**工务段**　　**2012**年**12**月**1**日**9**时**30**分　　运统-46

| 项目 | 通知时间 月日 | 通知时间 时分 | 到达时间 月日 | 到达时间 时分 | 通知方法 | 专职联络员到达后签名 | 消除不良及破损后的时分、签名：破损及不良的原因 | 处理后的设备状态 | 设备管理单位及车站签名 | 月日 | 时分 |
|---|---|---|---|---|---|---|---|---|---|---|---|
| 设备名称编号 | **×站至×站间×行线K××+××。** | | | | | | ××。 | **上道作业完毕，异物已清除，所有机具、物料、人员已撤离，申请开通。工务设备恢复正常，交付使用。** | **××工务段：××** | **12.1** | **10:01** |
| 故障状态 | **线路上有异物。** | | | | | | | | *列车调度员：××××* | *12.1* | *10:02* |
| | | | | | | | | **（上道作业完毕，所有机具、物料、人员已撤离，申请×号停电单元接触网送电。）** | **供电调度员：××** | **12.1** | **10:03** |
| 影响范围 | **×站至×站间×行线。　××工务段：××，9:33。** | | | | | | | *（调度命令×号，×号停电单元接触网送电。）* | *列车调度员：××××* | *12.1* | *10:04* |
| 作业内容 | **申请×站登乘动车组列车运行至×站至×站间×行线K××+××处停车下人。　申请封锁×站至×站间×行线在K××+××至K××+××处进行上道作业，作业期间邻线K××+××至K××+××限速160 km/h，（需×号停电单元接触网停电配合，）要点20 min。　××工务段：××，9:35。（供电调度员：××，9:36）** | | | | | | | | | | |
| 给点时间 | *调度命令×号，准许×站登乘×次。（调度命令×号，自9:00起×号停电单元接触网停电。）调度命令×号，自9:40起准许上道。* | | | | | | | | | | |

## (二)车站(车务段)运统-46登记样张(以××站为例)

### 1.《行车设备施工登记簿》

(1)《行车设备施工登记簿》施工作业样张(含配合、停电、封锁、盯岗)(房建)

| 请求施工登记 | | | | | | 承认施工 | 施工后开通检查、销记 | | | 施工开通 |
|---|---|---|---|---|---|---|---|---|---|---|
| 施工编号 | 施工项目 | 月日 | 时分 | (1)影响使用范围(需要的限速或封锁条件)<br>(2)专职联络员签名<br>(3)车站值班员签名 | 所需时分 | (1)命令号及发令时间<br>(2)施工起止时间<br>(3)车站值班员签名<br>(4)专职联络员签名 | 月日 | 时分 | (1)恢复使用范围和条件(开通后恢复常速确认)<br>(2)专职联络员签名<br>(3)车站值班员签名 | (1)开通(恢复常速)命令号码及开通时间<br>(2)专职联络员签名<br>(3)车站值班员签名 |
| 3485 | 雨 | 11月 | 21:50 | (1)根据施工计划，× | 240分 | (1)准许停电命令： | 11月 | 3:40 | (1)××项目部在××站Ⅰ、 | (1)开通命令20307＃ |
| 81 | 棚 | 5日 | | ×项目部申请封锁×× | 钟 | 70525＃23:35 | 6日 | | Ⅱ、Ⅲ、Ⅳ、5、6、7、8、9、10、11、 | 3:53 |
| | 整 | | | 站Ⅰ、Ⅱ、Ⅲ、Ⅳ、5、6、7、8、 | | (2)时间：23:45 | | | 12道进行的雨棚整治施工完 | (2)××项目部：×× |
| | 治 | | | 9、10、11、12道进行雨棚 | | (3)车站：××23:45 | | | 毕，申请开通。人员、机具、材 | 3:54 |
| | 施 | | | 整治施工，需接触网停 | | (4)××项目部：×× | | | 料已撤离，上述设备具备行车 | ××供电工区：××3:54 |
| | 工 | | | 电，需××供电段、×× | | 23:46 | | | 条件，交付使用。 | ××房建公寓段：×× |
| | | | | 房建公寓段、××高铁 | | (1)封锁命令：80325 | | | (2)××项目部：××3:40 | 3:54 |
| | | | | 工务段配合。 | | ＃23:50 | | | ××供电工区：××3:40 | ××工务工区：××3:54 |
| | | | | (2)××项目部：×× | | (2)时间：23:50至次 | | | ××房建工区：××3:40 | (3)车站：××23:55 |
| | | | | 21:50 | | 日3:50 | | | ××工务工区：××3:40 | (1)送电命令：20309 |
| | | | | ××供电工区：××21:50 | | (3)车站：××23:50 | | | (3)车站：××3:41 | ＃3:55 |
| | | | | ××房建工区：××21:50 | | (4)××项目部：×× | | | 盯岗：×× | (2)××项目部： |
| | | | | ××工务工区：××21:50 | | 23:51 | | | | ××3:55 |
| | | | | (3)车站：××21:51 | | 盯岗：×× | | | | ××供电工区：××3:55 |
| | | | | 盯岗：×× | | 注：填写调度命令号时须简要标明调度命令内容(类型)，以调度命令原文为准。如“停电命令”、“准许停电命令”、“封锁命令”……。后同。 | | | | ××房建工区：××3:55 |
| | | | | | | | | | | ××工务工区：××3:55 |
| | | | | | | | | | | (3)车站：××3:56 |
| | | | | | | | | | | 盯岗：×× |

(2)《行车设备施工登记簿》维修作业样张(延点)

| 请求施工登记 | | | | | | 承认施工 | 施工后开通检查、销记 | | | 施工开通 |
|---|---|---|---|---|---|---|---|---|---|---|
| 施工编号 | 施工项目 | 月日 | 时分 | (1)影响使用范围(需要的限速或封锁条件)<br>(2)专职联络员签名<br>(3)车站值班员签名 | 所需时分 | (1)命令号及发令时间<br>(2)施工起止时间<br>(3)车站值班员签名<br>(4)专职联络员签名 | 月日 | 时分 | (1)恢复使用范围和条件(开通后恢复常速确认)<br>(2)专职联络员签名<br>(3)车站值班员签名 | (1)开通(恢复常速)命令号码及开通时间<br>(2)专职联络员签名<br>(3)车站值班员签名 |
| 38254 | 天 | 11月 | 21:50 | (1)根据检修计划， | 240分 | *(1)检修命令:80325* | 11月 | 4:28 | (1)××电务段在××站进行 | |
| | 窗 | 5日 | | ××电务段在××站 | 钟 | *#23:35* | 6日 | | 的电务信号设备巡视，检修、测 | |
| | 修 | | | 进行电务信号设备巡 | | *(2)时间:6日0:00* | | | 试及整治作业完毕，人员、机具、 | |
| | | | | 视，检修、测试及整治 | | *至4:00* | | | 材料已撤离，全站信号、联锁、 | |
| | | | | 作业，停用全站信号、 | | *(3)车站:××0:00* | | | CTC设备试验良好，电务设备具备 | |
| | | | | 联锁、CTC设备，影响 | | (4)××电务工区: | | | 行车条件，交付使用。 | |
| | | | | 作业车运行。 | | ××0:01 | | | (2)××电务工区:××4:28 | |
| | | | | (2)××电务工区:× | | *盯岗:××* | | | *(3)车站:××4:29* | |
| | | | | ×21:50 | | | | | *盯岗:××* | |
| | | | | *(3)车站:××21:51* | | | | | | |
| | | | | *盯岗:××* | | | | | | |
| | | 11月 | 3:30 | (1)因信号机故障不 | | *(1)延点命令:80327* | | | | |
| | | 6日 | | 能按时开通，申请6日 | | *#3:55* | | | | |
| | | | | 天窗延点30分钟。 | | *(2)时间:4:00至4:30* | | | | |
| | | | | (2)××电务工区: | | *(3)车站:××4:00* | | | | |
| | | | | ××3:30 | | (4)××电务工区: | | | | |
| | | | | *(3)车站:××3:30* | | ××4:01 | | | | |
| | | | | *盯岗:××* | | *盯岗:××* | | | | |
| | | | | | | | | | | |
| | | | | | | | | | | |
| | | | | | | | | | | |

(3)《行车设备施工登记簿》维修作业样张(电务申请鼠标操作权)

| 请求施工登记 | | | | | | 承认施工 | 施工后开通检查、销记 | | | 施工开通 |
|---|---|---|---|---|---|---|---|---|---|---|
| 施工编号 | 施工项目 | 月日 | 时分 | (1)影响使用范围(需要的限速或封锁条件)<br>(2)专职联络员签名<br>(3)车站值班员签名 | 所需时分 | (1)命令号及发令时间<br>(2)施工起止时间<br>(3)车站值班员签名<br>(4)专职联络员签名 | 月日 | 时分 | (1)恢复使用范围和条件(开通后恢复常速确认)<br>(2)专职联络员签名<br>(3)车站值班员签名 | (1)开通(恢复常速)命令号码及开通时间<br>(2)专职联络员签名<br>(3)车站值班员签名 |
| 38259 | 天 | 11月 | 21:50 | (1)根据检修计划， | 240分 | *(1)检修命令:80325* | 11月 | 3:00 | (1)××电务段在××站进行 | |
| | 窗 | 9日 | | ××电务段在××站 | 钟 | *#23:55* | 10日 | | 的全站道岔操动试验完毕，交回 | |
| | 修 | | | 进行电务信号设备巡 | | *(2)时间:10日0:00* | | | 鼠标控制权。 | |
| | | | | 视，检修、测试及整治 | | 至4:00 | | | (2)××电务工区:××3:00 | |
| | | | | 作业，不影响作业车 | | *(3)车站:××0:00* | | | *(3)车站:××3:01* | |
| | | | | 运行、作业前后不限速。 | | *(4)××电务工区:* | | | *盯岗:××* | |
| | | | | (2)××电务工区: | | *××0:01* | | | | |
| | | | | ××21:50 | | *盯岗:××* | | | | |
| | | | | *(3)车站:××21:51* | | | | | | |
| | | | | *盯岗:××* | | | | | | |
| | | | | | | | | | | |
| | | 11月 | 0:08 | (1)全站道岔操动试 | | *(1)同意将鼠标控制* | 11月 | 4:00 | (1)××电务段在××站进行 | |
| | | 10日 | | 验，申请鼠标控制权。 | | *权交电务。* | 10日 | | 的电务信号设备巡视，检修、测 | |
| | | | | (2)××电务工区: | | *(2)时间:10日0:10* | | | 试及整治作业完毕，人员、机具、 | |
| | | | | ××0:08 | | 至4:00 | | | 材料已撤离，电务设备经试验良 | |
| | | | | *(3)车站:××0:09* | | *(3)车站:××0:10* | | | 好，具备行车条件，交付使用。 | |
| | | | | *盯岗:××* | | (4)××电务工区: | | | (2)××电务工区:××4:00 | |
| | | | | | | ××0:11 | | | *(3)车站:××4:01* | |
| | | | | | | *盯岗:××* | | | *盯岗:××* | |

(4)《行车设备施工登记簿》(作业内容修改样张)(通信)

| 请求施工登记 | | | | | | 承认施工 | 施工后开通检查、销记 | | | 施工开通 |
|---|---|---|---|---|---|---|---|---|---|---|
| 施工编号 | 施工项目 | 月日 | 时分 | (1)影响使用范围(需要的限速或封锁条件)<br>(2)专职联络员签名<br>(3)车站值班员签名 | 所需时分 | (1)命令号及发令时间<br>(2)施工起止时间<br>(3)车站值班员签名<br>(4)专职联络员签名 | 月日 | 时分 | (1)恢复使用范围和条件(开通后恢复常速确认)<br>(2)专职联络员签名<br>(3)车站值班员签名 | (1)开通(恢复常速)命令号码及开通时间<br>(2)专职联络员签名<br>(3)车站值班员签名 |
| 38467 | 天窗 | 11 月 | 21:50 | (1)根据检修计划， | 240 分 | *(1)检修命令:80306* | 11 月 | 3:50 | (1)××通信段在××东至×× 张三 李四 | |
| | 修 | 5 日 | | ××电务段在×× | 钟 | *#23:55* | 6 日 | | 南区间进行的无线基站、直放站 | |
| | | | | 至××区间进行无 | | *(2)时间:23:55 至* | | | (1)××电务段在××至××区间 | |
| | | | | 线基站、直放站的检 | | *次日 4:00* | | | 进行的无线基站、直放站的检修 | |
| | | | | 修作业(××隧道)。 | | *(3)车站:××23:55* | | | 作业(××隧道)完毕。人员、机 | |
| | | | | 不需要接触网停电， | | (4)××通信工 | | | 具、材料已撤离，通信设备具备行车 | |
| | | | | 不影响设备正常使 | | 区:××23:56 | | | 条件，交付使用。 | |
| | | | | 用，不影响作业车 | | *盯岗:××* | | | (2)××通信工区:××3:50 | |
| | | | | 作业。 | | | | | *(3)车站:××3:51* | |
| | | | | (2)××通信工区: | | | | | *盯岗:××* | |
| | | | | ××21:50 | | | | | | |
| | | | | *(3)车站:××21:51* | | | | | | |
| | | | | *盯岗:××* | | | | | | |
| | | | | | | | | | | |
| | | | | | | | | | | |

(5)《行车设备施工登记簿》登记后取消及因故不能给点样张(通信)

| 请求施工登记 | | | | | | 承认施工 | 施工后开通检查、销记 | | | 施工开通 |
|---|---|---|---|---|---|---|---|---|---|---|
| 施工编号 | 施工项目 | 月日 | 时分 | (1)影响使用范围(需要的限速或封锁条件)<br>(2)专职联络员签名<br>(3)车站值班员签名 | 所需时分 | (1)命令号及发令时间<br>(2)施工起止时间<br>(3)车站值班员签名<br>(4)专职联络员签名 | 月日 | 时分 | (1)恢复使用范围和条件(开通后恢复常速确认)<br>(2)专职联络员签名<br>(3)车站值班员签名 | (1)开通(恢复常速)命令号码及开通时间<br>(2)专职联络员签名<br>(3)车站值班员签名 |
| 38467 | 天窗 | 11月 | 21:50 | (1)根据检修计划,××电务段在 | 240分 | (1)因大雨影响,无法开展检修,取 | | | | |
| | 修 | 5日 | | ××至××区间进行无线基站、 | 钟 | 消计划。 | | | | |
| | | | | 直放站的检修作业(××隧道)。 | | (2)××通信工区:×× 22:50 | | | | |
| | | | | 不需要接触网停电,不影响设备正 | | *(3)车站:××22:51* | | | | |
| | | | | 常使用,影响作业车作业。 | | *盯岗:××* | | | | |
| | | | | (2)××通信工区:××21:50 | | | | | | |
| | | | | *(3)车站:××21:51* | | | | | | |
| | | | | *盯岗:××* | | | | | | |
| | | | | | | | | | | |
| | | | | | | | | | | |
| | | | | | | | | | | |
| | | | | | | | | | | |
| | | | | | | | | | | |
| | | | | | | | | | | |
| | | | | | | | | | | |

2.《行车设备检查登记簿》

(1)《行车设备检查登记簿》道岔故障处理样张(含旬查)

登记单位(部门):××站　　　　2017 年11 月7 日15 时30 分　　　　运统-46

| 项目 | 通知时间 | | 到达时间 | | 通知方法 | 专职联络员到达后签名 | 消除不良及破损后的时分、签名 | | | | |
|---|---|---|---|---|---|---|---|---|---|---|---|
| | 月日 | 时分 | 月日 | 时分 | | | 破损及不良的原因 | 处理后的设备状态 | 设备管理单位及车站签名 | 月日 | 时分 |
| | 11月7日 | 15:50 | 11月7日 | 15:52<br>15:53 | 电话 | 赵平<br>钱滨 | | | | | |
| 设备名称编号 | 3#道岔 | | | | | | | 经检查,工务设备正常。 | | | |
| | | | | | | | | 人员、机具、材料已撤离。 | ××工务工区:×× | 11月7日 | 16:30 |
| 故障状态 | 定,反位无表示 | | | | | | | | 车站:×× | 11月7日 | 16:31 |
| | | | | | | | 原因待查。 | 3#道岔定、反位表示正常。 | | | |
| 影响范围 | 经3#道岔的接发列车及调车作业。××工务工区:××,15:55<br>经3#道岔的接发列车及调车作业。××电务工区:××,15:55 | | | | | | | 试验良好,具备行车条件, | | | |
| | | | | | | | | 交付使用。人员、机具、 | | | |
| 作业内容 | 申请封锁3#道岔进行上道作业,作业期间邻线K1915+000至K1917+500限速160km/h,要点30分钟。××工务工区:××16:00<br>申请封锁3#道岔进行上道作业,作业期间邻线K1915+000至K1917+500限速160km/h,要点40分钟。××电务工区:××16:02 | | | | | | | 材料已撤离。 | ××电务工区:×× | 11月7日 | 16:45 |
| | | | | | | | | | 车站:×× | 11月7日 | 16:46 |
| | | | | | | | | 开通命令:80735#16: | 车站:张三　钱四 | 赵五 11月7日 | 16:50 |
| 给点时间 | 调度命令80738#:16:10—16:50 车站:××,16:10 ××工务工区:××,16:11 ××电务工区:××,16:11 | | | | | | | 50。 | ××电务工区:×× | 11月7日 | 16:50 |
| | | | | | | | | | ××工务工区:×× | 11月7日 | 16:50 |

登记单位(部门)：　　　　年　月　日　时　分　　　　运统-46

| 项目 | 通知时间 月日 | 通知时间 时分 | 到达时间 月日 | 到达时间 时分 | 通知方法 | 专职联络员到达后签名 | 消除不良及破损后的时分、签名：破损及不良的原因 | 处理后的设备状态 | 设备管理单位及车站签名 | 月日 | 时分 |
|---|---|---|---|---|---|---|---|---|---|---|---|
| 设备名称编号 | | | | | | | (承上页) | | 车站：×× | *11月7日* | *16:51* |
| | | | | | | | 经检查3＃道岔故 | 3＃道岔试验良好，具备 | | | |
| 故障状态 | | | | | | | 障为转辙机第二传 | 行车条件，交付使用。 | | | |
| | | | | | | | 动液压油管破裂， | 人员、机具、材料已撤 | | | |
| 影响范围 | | | | | | | 电路复位器金属疲 | 离。 | ××电务工区：×× | 11月8日 | 3:26 |
| | | | | | | | 劳无法复位。 | | 车站：×× | *11月8日* | *3:26* |
| 作业内容 | 申请封锁3＃道岔进行上道作业查找故障原因，作业期间邻线K1915＋000至K1917＋500限速160 km/h，要点240分钟。××电务工区：××21:00 | | | | | | | | | | |
| | | | | | | | | | | | |
| 给点时间 | *调度命令80738＃：8日0:00－4:00车站：××，0:00* ××电务工区：××，0:01 | | | | | | | | | | |
| | | | | | | | | | | | |

*检查上旬填记情况，×月×月存在××问题(填写规范)检查人：××11月11日*

（2）《行车设备检查登记簿》填记错误取消作废样张

登记单位（部门）：××电务工区　　2017 年 11 月 7 日 23 时 16 分　　运统-46

| 项目 | 通知时间 | | 到达时间 | | 通知方法 | 专职联络员到达后签名 | 消除不良及破损后的时分、签名 | | | | |
|---|---|---|---|---|---|---|---|---|---|---|---|
| | 月日 | 时分 | 月日 | 时分 | | | 破损及不良的原因 | 处理后的设备状态 | 设备管理单位及车站签名 | 月日 | 时分 |
| 设备名称编号 | | | | | | | | | | | |
| | | | | | | | | | | | |
| 故障状态 | WG307＃、WG308＃、WG3009＃。 | | | | | | | | | | |
| | | | | | | | | | | | |
| 影响范围 | | | | | | | | | | | |
| | | | | | | | | | | | |
| 作业内容 | | | | | | | | | | | |
| | | | | | | | | | | | |
| 给点时间 | 因登记错误，整张作废。××电务工区：××，23:18<br>*车站：××，23:19* | | | | | | | | | | |
| | | | | | | | | | | | |

## 二、普速铁路运统-46 登记(部分)样张(以××车务段为例)

### 1.《行车设备施工登记簿》样张

### (1)电务维修作业填记样张

注:表格中粗体为施工或设备单位填写,斜体为车站填写(下同)。

| 请求施工登记 | | | | | | 承认施工 | 施工后开通检查、销记 | | | 施工开通 |
|---|---|---|---|---|---|---|---|---|---|---|
| 施工编号 | 施工项目 | 月日 | 时分 | (1)影响使用范围(需要的限速或封锁条件)<br>(2)专职联络员签名<br>(3)车站值班员签名 | 所需时分 | (1)命令号及发令时间<br>(2)施工起止时间<br>(3)车站值班员签名<br>(4)专职联络员签名 | 月日 | 时分 | (1)恢复使用范围和条件(开通后恢复常速确认)<br>(2)专职联络员签名<br>(3)车站值班员签名 | (1)开通(恢复常速)命令号码及开通时间<br>(2)专职联络员签名<br>(3)车站值班员签名 |
| **××** | **天窗修** | **4月** | **21:20** | **(1)根据天窗修计划,** | **90** | *(1)命令号码:××#22:00* | **4月** | **23:30** | **(1)××站的电务信号** | |
| | | **3日** | | **电务在××站进行电务** | **min** | *(2)施工起止时间:22:00* | **3日** | | **设备巡视,检修、测试及** | |
| | | | | **信号设备巡视,检修、** | | *—23:30* | | | **整治作业完毕,电务设** | |
| | | | | **测试及整治作业。** | | *(3)车站:××22:00* | | | **备经试验良好,具备行** | |
| | | | | **(2)×信号工区:××** | | **(4)×信号工区:××** | | | **车条件,交付使用,申请** | |
| | | | | **21:20** | | **22:00** | | | **开通。** | |
| | | | | *(3)车站:××21:20* | | *盯岗:张三* | | | **(2)×信号工区:××** | |
| | | | | *盯岗:张三* | | | | | **23:30** | |
| | | | | | | | | | *(3)车站:××23:30* | |
| | | | | | | | | | *盯岗:张三* | |
| | | | | | | | | | | |
| | | | | | | | | | | |
| | | | | | | | | | | |
| | | | | | | | | | | |

（2）非调度下令给点施工维修作业（协议修）填记样张

| 请求施工登记 | | | | | | 承认施工 | 施工后开通检查、销记 | | | 施工开通 |
|---|---|---|---|---|---|---|---|---|---|---|
| 施工编号 | 施工项目 | 月日 | 时分 | （1）影响使用范围（需要的限速或封锁条件）<br>（2）专职联络员签名<br>（3）车站值班员签名 | 所需时分 | （1）命令号及发令时间<br>（2）施工起止时间<br>（3）车站值班员签名<br>（4）专职联络员签名 | 月日 | 时分 | （1）恢复使用范围和条件（开通后恢复常速确认）<br>（2）专职联络员签名<br>（3）车站值班员签名 | （1）开通（恢复常速）命令号码及开通时间<br>（2）专职联络员签名<br>（3）车站值班员签名 |
| ×× | **天窗修** | **8月1日** | **5：20** | **（1）根据天窗修计划。工务在站内12道进行维修作业。**<br>**（2）×工务工区：××，5：20**<br>*（3）车站：××，5：20 盯岗：××* | **60 min** | *（1）施工起止时间：6：00—7：00*<br>*（2）车站：××，6：00*<br>**（3）×工务工区：××，6：00**<br>*盯岗：××* | **8月1日** | **7：00** | **（1）站内12道工务维修作业完毕，设备正常，申请开通。**<br>**（2）×工务工区：××，7：00**<br>*（3）车站：××，7：00 盯岗：××* | |
| ×× | **天窗修** | **8月2日** | **6：20** | **（1）根据天窗修计划。工务在站内58#岔进行维修作业。**<br>**（2）×工务工区：××，6：20**<br>*（3）车站：××，6：20 盯岗：××* | **60 min** | *（1）施工起止时间：7：00—8：00*<br>*（2）车站：××，7：00*<br>**（3）×工务工区：××，7：00**<br>*盯岗：××* | **8月2日** | **8：00** | **（1）站内58#岔维修作业完毕，设备正常，申请开通。**<br>**（2）×工务工区：××，8：00**<br>*（3）车站：××，8：00 盯岗：××* | |
| ×× | **成段换轨换枕** | **8月2日** | **6：20** | **（1）站内油专线15#岔前绝缘接头至车挡进行换枕换轨作业。**<br>**（2）×工务工区：××，6：20**<br>*（3）车站：××，6：20 盯岗：××* | **180 min** | *（1）施工起止时间：7：00—10：00*<br>*（2）车站：××，7：00*<br>**（3）×工务工区：××，7：00**<br>*盯岗：××* | **8月2日** | **10：00** | **（1）站内油专线15#岔前绝缘接头至车挡成段换轨换枕作业完毕，设备正常，申请开通。**<br>**（2）×工务工区：××，10：00**<br>*（3）车站：××，10：00 盯岗：××* | |

(3)站内综合利用维修作业填记样张

| 请求施工登记 | | | | | | 承认施工 | 施工后开通检查、销记 | | | 施工开通 |
|---|---|---|---|---|---|---|---|---|---|---|
| 施工编号 | 施工项目 | 月日 | 时分 | (1)影响使用范围(需要的限速或封锁条件)<br>(2)专职联络员签名<br>(3)车站值班员签名 | 所需时分 | (1)命令号及发令时间<br>(2)施工起止时间<br>(3)车站值班员签名<br>(4)专职联络员签名 | 月日 | 时分 | (1)恢复使用范围和条件(开通后恢复常速确认)<br>(2)专职联络员签名<br>(3)车站值班员签名 | (1)开通(恢复常速)命令号码及开通时间<br>(2)专职联络员签名<br>(3)车站值班员签名 |
| ×× | 天窗修 | 8月1日 | 7:20 | **(1)根据天窗修计划，供电在××站下行线1道及8#道岔进行接触网检修作业，需接触网停电，执行××站至××站×号行车限制卡。无作业车运行。**<br>**(2)×供电工区：××，7:20**<br>*(3)车站:××,7:20* | 60 min | *(1)命令号码××#,8:15*<br>*(2)施工起止时间:8:15—9:15*<br>*(3)车站:××,8:15*<br>**(4)×供电工区：××，8:15**<br>*(1)停电命令××#,8:20*<br>*(2)车站:××,8:20*<br>**(3)×供电工区：××，8:20** | 8月1日 | 9:15 | **(1)××站下行线1道及8#道岔接触网检修作业完毕，设备正常，接触网可恢复供电，申请开通。**<br>**(2)×供电工区：××，9:15**<br>*(3)车站:××,9:15* | *(1)送电命令××#，9:20*<br>**(2)×供电工区：××，9:20**<br>*(3)车站:××,9:20*<br>*盯岗:××* |
| | 天窗修 | 8月1日 | 7:23 | **(1)工务利用供电天窗，在站内8#道岔进行工务维修作业。不影响供电作业。**<br>**(2)×工务工区：××，7:23**<br>*(3)车站:××,7:23*<br>*盯岗:××* | 60 min | *(1)命令号码××#,8:15*<br>*(2)施工起止时间:8:15—9:15*<br>*(3)车站:××,8:15*<br>**(4)×工务工区：××，8:15**<br>*盯岗:××* | 8月1日 | 9:15 | **(1)工务在站内8#道岔工务维修作业完毕，设备正常，申请开通。**<br>**(2)×工务工区：××，9:15**<br>*(3)车站:××,9:15*<br>*盯岗:××* | |

**有计划的共用，需填记“施工编号”，若是临时向车站提交的并符合条件的共用不需填记，下同。**

(4)施工作业延点填记样张

| 请求施工登记 | | | | | | 承认施工 | 施工后开通检查、销记 | | | 施工开通 |
| --- | --- | --- | --- | --- | --- | --- | --- | --- | --- | --- |
| 施工编号 | 施工项目 | 月日 | 时分 | (1)影响使用范围(需要的限速或封锁条件)<br>(2)专职联络员签名<br>(3)车站值班员签名 | 所需时分 | (1)命令号及发令时间<br>(2)施工起止时间<br>(3)车站值班员签名<br>(4)专职联络员签名 | 月日 | 时分 | (1)恢复使用范围和条件(开通后恢复常速确认)<br>(2)专职联络员签名<br>(3)车站值班员签名 | (1)开通(恢复常速)命令号码及开通时间<br>(2)专职联络员签名<br>(3)车站值班员签名 |
| ×× | **线路捣** | **8月** | **15:30** | **(1)申请封锁××站至** | **180分** | *(1)封锁命令:××#,* | **8月** | **20:00** | **(1)××站至××站(含** | *(1)开通命令××#,* |
| | **固** | **1日** | | **××站(含I道及1、5、** | **钟** | *16:30* | **1日** | | **1道及1、5、11、15#** | *自20:01分起开通。* |
| | | | | **11、15#道岔间)下行** | | *(2)施工起止时间:16:* | | | **岔间)下行线K1627+** | **(2)××大机段:××,** |
| | | | | **线K1627+000至** | | *30—19:30* | | | **000至K1633+600处封** | **20:01** |
| | | | | **K1633+600处进行捣** | | *(3)车站:××,16:30* | | | **锁施工完毕,57×××次** | **×工务工区:××,** |
| | | | | **固施工作业,××站开** | | **(4)广州大机段:××,** | | | **已整列到达××站,所有** | **20:01** |
| | | | | **工程车到封锁线路施工** | | **16:30** | | | **车辆均进入××站×道** | **×信号工区:××,** |
| | | | | **作业,作业完后到××** | | *盯岗:××* | | | **警冲标内方,设备正常,** | **20:01** |
| | | | | **站。接触网按不停电** | | | | | **申请开通。开通后首列** | *(3)车站:××,20:01* |
| | | | | **作业办理,封锁后不限** | | | | | **可以放行旅客列车,开** | *盯岗:××* |
| | | | | **速,需工务、电务部门** | | | | | **通后不限速。** | |
| | | | | **配合。** | | | | | **(2)××大机段:××,** | |
| | | | | **(2)广州大机段:××,** | | | | | **20:00** | |
| | | | | **15:30** | | | | | **×工务工区:××,20:00** | |
| | | | | **×工务工区:××,15:** | | | | | **×信号工区:××,20:00** | |
| | | | | **30** | | | | | *(3)车站:××,***20:00** | |
| | | | | **×信号工区:××,15:30** | | | | | *盯岗:××* | |
| | | | | *(3)车站:××,15:30* | | | | | | |
| | | | | *盯岗:××* | | | | | | |
| | | | | | | | | | | |

续上表

| 请求施工登记 | | | | | | 承认施工 | 施工后开通检查、销记 | | | 施工开通 |
|---|---|---|---|---|---|---|---|---|---|---|
| 施工编号 | 施工项目 | 月日 | 时分 | (1)影响使用范围(需要的限速或封锁条件)<br>(2)专职联络员签名<br>(3)车站值班员签名 | 所需时分 | (1)命令号及发令时间<br>(2)施工起止时间<br>(3)车站值班员签名<br>(4)专职联络员签名 | 月日 | 时分 | (1)恢复使用范围和条件(开通后恢复常速确认)<br>(2)专职联络员签名<br>(3)车站值班员签名 | (1)开通(恢复常速)命令号码及开通时间<br>(2)专职联络员签名<br>(3)车站值班员签名 |
| | | **8月** | **18:50** | **(1)××站—××站** | **30** | *(1)延点命令:××#,* | | | | |
| | | **1日** | | **(含Ⅰ道及1、5、11、** | **min** | *19:12。* | | | | |
| | | | | **15#道岔间)下行线** | | *(2)施工起止时间:19:* | | | | |
| | | | | **K1627+000—K1633+** | | *30—20:00* | | | | |
| | | | | **600处捣固施工作业因** | | *(3)车站:××,19:12* | | | | |
| | | | | **××原因,申请延点** | | **(4)××大机段:××,** | | | | |
| | | | | **30 min。** | | **19:12** | | | | |
| | | | | **(2)××大机段:××,** | | *盯岗:××* | | | | |
| | | | | **19:10** | | | | | | |
| | | | | *(3)车站:××,19:10* | | | | | | |
| | | | | *盯岗:××* | | | | | | |

注:遇特殊情况不能按规定时间结束作业时,原则上提前20 min(高速铁路30 min)以上办理延点申请。

（5）涂改样张

| 请求施工登记 | | | | | | 承认施工 | 施工后开通检查、销记 | | | 施工开通 |
|---|---|---|---|---|---|---|---|---|---|---|
| 施工编号 | 施工项目 | 月日 | 时分 | （1）影响使用范围（需要的限速或封锁条件）<br>（2）专职联络员签名<br>（3）车站值班员签名 | 所需时分 | （1）命令号及发令时间<br>（2）施工起止时间<br>（3）车站值班员签名<br>（4）专职联络员签名 | 月日 | 时分 | （1）恢复使用范围和条件（开通后恢复常速确认）<br>（2）专职联络员签名<br>（3）车站值班员签名 | （1）开通（恢复常速）命令号码及开通时间<br>（2）专职联络员签名<br>（3）车站值班员签名 |
| ×× | 人工换 | 8月 | 4：50 | （1）申请封锁××站至 | 150 | *（1）封锁命令××#，6:30* | 8月 | 8：55 | （1）××站—××站上 | *（1）开通命令××#：* |
| | 砟 | 1日 | | ××站上行线 K4＋ | min | *（2）施工起止时间：6:30* | 1日 | | 行线 K3100—K6＋000 张三 李四 | *自 9:00 起开通。送电* |
| | | | | 100 至 K6＋000 换砟作 | | *—9:00* | | | 换砟作业完毕，申请开 | *命令：××#，9:01。* |
| | | | | 业，需接触网停电。 | | *（3）车站：××，6:30* | | | 通。开通后首列限速 | （2）×项目部：××， |
| | | | | 需工务、电务、供电 | | （4）×项目部：××， | | | 30 km/h，第三列限速 | 9：01 |
| | | | | 部门配合。 | | 6：30 | | | 35 km/h，第三列起限速 | ×工务工区：××， |
| | | | | （2）×项目部：××， | | *（1）停电命令××#，* | | | 45 km/h 至次日 9：00 | 9：01 |
| | | | | 4：50 | | *6:33* | 8月 | 8：56 | （1）××站至××站上 | ×信号工区：××， |
| | | | | ×工务工区：××， | | *（2）车站：××，6:33* | 1日 | | 行线 K4＋100 至 K6＋000 | 9：01 |
| | | | | 4：50 | | （3）×项目部：××， | | | 换砟施工作业完毕，设 | ×供电工区：××， |
| | | | | ×信号工区：××， | | 6：33 | | | 备正常，具备行车条件， | 9：01 |
| | | | | 4：50 | | *盯岗：××* | | | 申请开通。开通后首 | *（3）车站：××，9:01* |
| | | | | 供电配合施工，×号行 | | | | | 列限速 25 km/h，第二 | *盯岗：××* |
| | | | | 车限制卡范围停电。 | | | | | 列限速 35 km/h，第三 | |
| | | | | ×供电工区：××， | | | | | 列起限速 45 km/h 至次 | |
| | | | | 4：50 | | | | | 日 9：00。 | |
| | | | | *（3）车站：××，4:50* | | | | | （2）×项目部：××， | |
| | | | | *盯岗：××* | | | | | 8：56。 | |
| | | | | | | | | | ×工务工区：××，8：56 | |

续上表

| 请求施工登记 | | | | | | 承认施工 | 施工后开通检查、销记 | | | 施工开通 |
|---|---|---|---|---|---|---|---|---|---|---|
| 施工编号 | 施工项目 | 月日 | 时分 | (1)影响使用范围(需要的限速或封锁条件)<br>(2)专职联络员签名<br>(3)车站值班员签名 | 所需时分 | (1)命令号及发令时间<br>(2)施工起止时间<br>(3)车站值班员签名<br>(4)专职联络员签名 | 月日 | 时分 | (1)恢复使用范围和条件(开通后恢复常速确认)<br>(2)专职联络员签名<br>(3)车站值班员签名 | (1)开通(恢复常速)命令号码及开通时间<br>(2)专职联络员签名<br>(3)车站值班员签名 |
| | | | | | | | | | **×信号工区：××，8：56** | |
| | | | | | | | | | **供电配合施工完毕，接** | |
| | | | | | | | | | **触网可恢复供电。×供** | |
| | | | | | | | | | **电工区：××，8：56** | |
| | | | | | | | | | *(3)车站：××，8：56* | |
| | | | | | | | | | *盯岗：××* | |
| | | | | | | | | | | |
| | | | | | | | **8月** | **9：00** | **(1)××站至××站上** | *(1)恢复常速命令××* |
| | | | | | | | **2日** | | **行线K4+100至K6+** | *#，自9:03起恢复常速。* |
| | | | | | | | | | **000设备正常，申请恢** | **(2)×项目部：××，** |
| | | | | | | | | | **复常速。** | **9：03** |
| | | | | | | | | | **(2)×项目部：××，** | **×工务工区：××，** |
| | | | | | | | | | **9：00** | **9:03** |
| | | | | | | | | | **×工务工区：××，** | *(3)车站：××，9：03* |
| | | | | | | | | | **9：00** | *盯岗：××* |
| | | | | | | | | | *(3)车站：××，9：00* | |
| | | | | | | | | | *盯岗：××* | |

(6)作废(取消计划)填记样张

| 请求施工登记 | | | | | | 承认施工 | 施工后开通检查、销记 | | | 施工开通 |
|---|---|---|---|---|---|---|---|---|---|---|
| 施工编号 | 施工项目 | 月日 | 时分 | (1)影响使用范围(需要的限速或封锁条件)<br>(2)专职联络员签名<br>(3)车站值班员签名 | 所需时分 | (1)命令号及发令时间<br>(2)施工起止时间<br>(3)车站值班员签名<br>(4)专职联络员签名 | 月日 | 时分 | (1)恢复使用范围和条件(开通后恢复常速确认)<br>(2)专职联络员签名<br>(3)车站值班员签名 | (1)开通(恢复常速)命令号码及开通时间<br>(2)专职联络员签名<br>(3)车站值班员签名 |
| ×× | **天窗修** | **8月** | **11:00** | **(1)根据天窗修计划，** | **60** | (施工单位原因作废) | | | | |
| | | **1日** | | **电务进行室内计表维** | **min** | **(1)因××原因取消该** | | | | |
| | | | | **修，全站信联闭设备** | | **项计划。** | | | | |
| | | | | **停用。** | | **(2)×信号工区：××，** | | | | |
| | | | | **(2)×信号工区：××，** | | **12：08** | | | | |
| | | | | **11：00** | | *(3)车站：××,12:08* | | | | |
| | | | | *(3)车站：××,11:00* | | *盯岗：××* | | | | |
| | | | | *盯岗：××* | | | | | | |
| | | | | | | | | | | |
| | | | | | | | | | | |
| | | | | | | (车站原因或登记错误作废) | | | | |
| | | | | | | *(1)因××原因取消，作* | | | | |
| | | | | | | *废。(因××原因取消* | | | | |
| | | | | | | *该项计划。)* | | | | |
| | | | | | | *(2)车站：××,12:08* | | | | |
| | | | | | | **(3)×信号工区：××，** | | | | |
| | | | | | | **12：08** | | | | |
| | | | | | | *盯岗：××* | | | | |
| | | | | | | | | | | |
| | | | | | | | | | | |
| | | | | | | | | | | |
| | | | | | | | | | | |
| | | | | | | | | | | |
| | | | | | | | | | | |

注：因车站(含调度所)原因取消的，车站值班员注明原因；施工单位原因取消的，由施工单位联络员注明原因。

## （7）粘贴日计划内容样张

| 请求施工登记 | | | | | | 承认施工 | 施工后开通检查、销记 | | | 施工开通 |
|---|---|---|---|---|---|---|---|---|---|---|
| 施工编号 | 施工项目 | 月日 | 时分 | （1）影响使用范围（需要的限速或封锁条件）<br>（2）专职联络员签名<br>（3）车站值班员签名 | 所需时分 | （1）命令号及发令时间<br>（2）施工起止时间<br>（3）车站值班员签名<br>（4）专职联络员签名 | 月日 | 时分 | （1）恢复使用范围和条件（开通后恢复常速确认）<br>（2）专职联络员签名<br>（3）车站值班员签名 | （1）开通（恢复常速）命令号码及开通时间<br>（2）专职联络员签名<br>（3）车站值班员签名 |
| ×× | 线路捣 | 8月 | 16: 20 | | 180分 | （1）封锁命令：××#， | 8月 | 19: 40 | （1）××站至××站（含 | （1）开通命令××#， |
| | 固 | 1日 | | 申请封锁××站至××站（含Ⅰ道及1<br>15、11、15#道岔间）下行线K1627+<br>+000至K1633+600 处进行捣固施工作业<br>××站开工程车到封锁线路施工作业，<br>作业完后到××站。接触网按不停电作<br>业办理，封锁后不限速，需工务、电务<br>部门配合。<br>张三 张三 张三 | 钟 | 16:58 | 1日 | | 1道及1、5、11、15# | 自19:40分起开通。 |
| | | | | | | （2）16:58—19:50封锁 | | | 岔间）下行线K1627＋ | （2）××大机段：张三， |
| | | | | | | 施工。 | | | 000至K1633＋600处 | 19: 42 |
| | | | | | | （3）车站：××，16:58 | | | 线捣施工完毕，57161次 | ×工务工区：××， |
| | | | | | | （4）××大机段：张三， | | | 已整列到达××站×道 | 19:42 |
| | | | | | | 16: 58 | | | 警冲标内方，设备正 | ×信号工区：××， |
| | | | | | | 盯岗：×× | | | 常，具备行车条件，申请 | 19:42 |
| | | | | （2）××大机段：张 | | | | | 开通。开通后首列可以 | （3）车站：××，19:42 |
| | | | | 三，16:20 | | | | | 放行旅客列车，开通后 | 盯岗：×× |
| | | | | ×工务工区：××， | | | | | 不限速。 | |
| | | | | 16:20 | | | | | （2）××大机段：张三， | |
| | | | | ×信号工区：××， | | | | | 19: 40 | |
| | | | | 16:20 | | | | | ×工务工区：××， | |
| | | | | （3）车站：××，16:21 | | | | | 19: 40 | |
| | | | | 盯岗：×× | | | | | ×信号工区：××， | |
| | | | | | | | | | 19: 40 | |
| | | | | | | | | | （3）车站：××，19:40 | |
| | | | | | | | | | 盯岗：×× | |
| | | | | | | | | | | |
| | | | | | | | | | | |
| | | | | | | | | | | |
| | | | | | | | | | | |

2.《行车设备检查登记簿》样张

(1)区间通过信号机故障不能立即恢复时填记样张

登记单位(部门):××站　　　　2017 年8 月1 日8 时30 分　　　　运统-46

| 项目 | 通知时间 | | 到达时间 | | 通知方法 | 专职联络员到达后签名 | 消除不良及破损后的时分、签名 | | | | |
|---|---|---|---|---|---|---|---|---|---|---|---|
| | 月日 | 时分 | 月日 | 时分 | | | | | | | |
| | 8.1 | 8:31 | **8.1** | **8:32** | 电话 | ×× | 破损及不良的原因 | 处理后的设备状态 | 设备管理单位及车站签名 | 月日 | 时分 |
| 设备名称编号 | ××站至××站间(×行线)××信号机 | | | | | | **原因待查。** | **××信号机恢复正** | | | |
| | | | | | | | | **常，试验良好，交付** | | | |
| 故障状态 | 灭灯 | | | | | | | **使用。** | **××信号工区:××** | **8.1** | **9:36** |
| | | | | | | | | | 车站:×× | 8.1 | 9:36 |
| 影响范围 | **停用××信号机，影响经由该信号机的列车正常运行。　××信号工区：××，8:32** | | | | | | **(故障原因：)××。** | | **××信号工区:××** | **8.1** | **9:50** |
| | | | | | | | | | 车站:×× | 8.1 | 9:51 |
| 作业内容 | | | | | | | | | | | |
| | | | | | | | | | | | |
| 给点时间 | 车站:×× | | | | | | | | | | |
| | | | | | | | | | | | |

（2）站内信号机故障填记样张

登记单位（部门）：××站　　　　2017 年8 月1 日8 时30 分　　　　运统-46

| 项目 | 通知时间 | | 到达时间 | | 通知方法 | 专职联络员到达后签名 | 消除不良及破损后的时分、签名 | | | | |
|---|---|---|---|---|---|---|---|---|---|---|---|
| | 月日 | 时分 | 月日 | 时分 | | | 破损及不良的原因 | 处理后的设备状态 | 设备管理单位及车站签名 | 月日 | 时分 |
| | 8.1 | 8:31 | **8.1** | **8:32** | 电话 | ×× | | | | | |
| 设备名称编号 | ××信号机 | | | | | | **（故障原因：）××。** | **情况 1：××信号机** | | | |
| | | | | | | | | **恢复正常，试验良好，** | | | |
| 故障状态 | 灭灯 | | | | | | | **交付使用。** | **××信号工区：××** | **8.1** | **9:36** |
| | | | | | | | | | 车站：×× | 8.1 | 9:36 |
| 影响范围 | **情况 1：停用××信号机，影响经由该信号机的接发列车及调车作业。××信号工区：××，8:32**<br>**情况 2（某灯位故障）：停用上行进站信号机绿灯，影响经由该信号机的正线通过，可正线、侧线接车。××信号工区：××，8:32** | | | | | | **（故障原因：）××。** | **情况 2：上行进站信** | | | |
| | | | | | | | | **号机绿灯恢复正常，** | | | |
| 作业内容 | | | | | | | | **试验良好，交付使用。** | **××信号工区：××** | **8.1** | **9:50** |
| | | | | | | | | | 车站：×× | 8.1 | 9.51 |
| 给点时间 | 车站：×× | | | | | | | | | | |
| | | | | | | | | | | | |

(3)临时要点填记样张(电源屏转换)

登记单位(部门):××**信号工区**　　　　**2017 年 12 月 1 日 7 时 30 分**　　　　运统-46

<table>
<tr><td rowspan="3">项目</td><td colspan="2">通知时间</td><td colspan="2">到达时间</td><td rowspan="2">通知方法</td><td rowspan="2">专职联络员到达后签名</td><td colspan="5">消除不良及破损后的时分、签名</td></tr>
<tr><td>月日</td><td>时分</td><td>月日</td><td>时分</td><td rowspan="2">破损及不良的原因</td><td rowspan="2">处理后的设备状态</td><td rowspan="2">设备管理单位及车站签名</td><td rowspan="2">月日</td><td rowspan="2">时分</td></tr>
<tr><td></td><td></td><td></td><td></td><td></td><td></td></tr>
<tr><td rowspan="2">设备名称编号</td><td colspan="6" rowspan="2">**全站信号、联锁、闭塞设备**</td><td></td><td>**电源转换完毕，全站信号、**</td><td></td><td></td><td></td></tr>
<tr><td></td><td>**联锁、闭塞设备恢复正常**</td><td></td><td></td><td></td></tr>
<tr><td rowspan="2">故障状态</td><td colspan="6" rowspan="2"></td><td></td><td>**使用。**</td><td>××**信号工区**:××</td><td>**12.1**</td><td>**8:37**</td></tr>
<tr><td></td><td></td><td>*车站:××*</td><td>*12.1*</td><td>*8:38*</td></tr>
<tr><td rowspan="2">影响范围</td><td colspan="6" rowspan="2">**全站信号、联锁、闭塞设备不能正常使用。**</td><td></td><td></td><td></td><td></td><td></td></tr>
<tr><td></td><td></td><td></td><td></td><td></td></tr>
<tr><td rowspan="2">作业内容</td><td colspan="6" rowspan="2">**要点 2 min，进行电源屏转换。 ××信号工区：××，8.31**</td><td></td><td></td><td></td><td></td><td></td></tr>
<tr><td></td><td></td><td></td><td></td><td></td></tr>
<tr><td rowspan="2">给点时间</td><td colspan="6" rowspan="2">*8:35—8:37,车站:××,8:35*</td><td></td><td></td><td></td><td></td><td></td></tr>
<tr><td></td><td></td><td></td><td></td><td></td></tr>
</table>

注:电务需进行电源屏转换时,须有检修电报;每次给点不超过 2 min;须经列车调度员口头同意确定给点时间。

（4）天窗点外电务设备巡视、检查填记样张

登记单位（部门）：××**信号工区**　　　　**2017 年 8 月 1 日 8 时 30 分**　　　　运统-46

| 项目 | 通知时间 | | 到达时间 | | 通知方法 | 专职联络员到达后签名 | 消除不良及破损后的时分、签名 | | | | |
|---|---|---|---|---|---|---|---|---|---|---|---|
| | 月日 | 时分 | 月日 | 时分 | | | 破损及不良的原因 | 处理后的设备状态 | 设备管理单位及车站签名 | 月日 | 时分 |
| 设备名称编号 | **1/3#、5/7#、13/15#、9/11#道岔** | | | | | | | **登记的各组道岔组检** | | | |
| | | | | | | | | **查试验完毕，设备正** | | | |
| 故障状态 | | | | | | | | **常。** | ××**信号工区：**×× | **8.1** | **8:50** |
| | | | | | | | | | *车站：××* | *8.1* | *8:51* |
| 影响范围 | | | | | | | | | | | |
| | | | | | | | | | | | |
| 作业内容 | **操动各组道岔进行检查试验，不影响经由上述设备的接发列车和调车作业（道岔瞬间断表示不影响正常使用）。××信号工区：××，8:31** | | | | | | | | | | |
| | | | | | | | | | | | |
| 给点时间 | *车站：××，8:31* | | | | | | | | | | |
| | | | | | | | | | | | |

注：本样张适用于电务部门进行光电缆径路检查、室内外设备巡视检查及道岔转换试验等不影响电务设备机械强度、电气特性的作业。如操动道岔检查试验需瞬间断表示，电务应在运统-46 登记时注明“道岔瞬间断表示不影响正常使用”。

（5）天窗点外通信设备巡视、检查填记样张

登记单位（部门）：××**通信工区**　　　　**2017年3月1日8时30分**　　　　运统-46

| 项目 | 通知时间 | | 到达时间 | | 通知方法 | 专职联络员到达后签名 | 消除不良及破损后的时分、签名 | | | | |
|---|---|---|---|---|---|---|---|---|---|---|---|
| | 月日 | 时分 | 月日 | 时分 | | | 破损及不良的原因 | 处理后的设备状态 | 设备管理单位及车站签名 | 月日 | 时分 |
| 设备名称编号 | **××站至××站间（×行线）K1100+000至K1100+100** | | | | | | | **××站至××站间** | | | |
| | | | | | | | | **（×行线）K1100+000** | | | |
| 故障状态 | | | | | | | | **至K1100+100通信维** | | | |
| | | | | | | | | **修作业完毕，经检查** | | | |
| 影响范围 | | | | | | | | **通信设备正常。** | **××通信工区：××** | **3.1** | **8:50** |
| | | | | | | | | | *车站：××* | *3.1* | *8:51* |
| 作业内容 | **在道床坡脚以外进行不影响行车通信业务正常使用的通信设备、线路及附属设施的日常维修、业务办理和保护试验等作业。不影响××站至××站间（×行线）的接发列车作业。××通信工区：××，8:31** | | | | | | | | | | |
| | | | | | | | | | | | |
| 给点时间 | *车站：××，8:31* | | | | | | | | | | |
| | | | | | | | | | | | |
| | | | | | | | | | | | |

注：本样张适用于通信部门在道床坡脚以外进行不影响行车通信业务正常使用的通信设备、线路及附属设施的日常维修、业务办理和保护试验等作业。

(6)设备开通(启用)样张

登记单位(部门):××**信号工区** **2017年8月1日8时25分** 运统-46

<table>
<tr><td rowspan="3">项目</td><td colspan="2">通知时间</td><td colspan="2">到达时间</td><td rowspan="2">通知方法</td><td rowspan="2">专职联络员到达后签名</td><td colspan="5" rowspan="2">消除不良及破损后的时分、签名</td></tr>
<tr><td>月日</td><td>时分</td><td>月日</td><td>时分</td></tr>
<tr><td></td><td></td><td></td><td></td><td></td><td></td><td>破损及不良的原因</td><td>处理后的设备状态</td><td>设备管理单位及车站签名</td><td>月日</td><td>时分</td></tr>
<tr><td rowspan="2">设备名称编号</td><td colspan="6" rowspan="2">××××、××××、××××</td><td></td><td>根据××段普信施</td><td></td><td></td><td></td></tr>
<tr><td></td><td>电〔2017〕×××号电</td><td></td><td></td><td></td></tr>
<tr><td rowspan="2">故障状态</td><td colspan="6" rowspan="2"></td><td></td><td>报，8月1日8:30</td><td></td><td></td><td></td></tr>
<tr><td></td><td>联锁试验完毕，正式</td><td></td><td></td><td></td></tr>
<tr><td rowspan="2">影响范围</td><td colspan="6" rowspan="2"></td><td></td><td>启用。</td><td>××信号工区：××</td><td>3.1</td><td>8:30</td></tr>
<tr><td></td><td></td><td>车站：××</td><td>3.1</td><td>8:31</td></tr>
<tr><td rowspan="2">作业内容</td><td colspan="6" rowspan="2"></td><td></td><td></td><td></td><td></td><td></td></tr>
<tr><td></td><td></td><td></td><td></td><td></td></tr>
<tr><td rowspan="2">给点时间</td><td colspan="6" rowspan="2"></td><td></td><td></td><td></td><td></td><td></td></tr>
<tr><td></td><td></td><td></td><td></td><td></td></tr>
</table>

注:设备名称编号栏填记需启用的设备,处理后的设备状态栏具体填记内容根据设备开通电报填写。

## (7)需跨页填记时填记样张

登记单位(部门):××站　　　　*2017 年 8 月 1 日 8 时 30 分*　　　　运统-46

<table>
<tr><td rowspan="3">项目</td><td colspan="2">通知时间</td><td colspan="2">到达时间</td><td rowspan="2">通知方法</td><td rowspan="2">专职联络员到达后签名</td><td colspan="5" rowspan="2">消除不良及破损后的时分、签名</td></tr>
<tr><td>月日</td><td>时分</td><td>月日</td><td>时分</td></tr>
<tr><td>8.1</td><td>9:31</td><td>8.1</td><td>9:35</td><td>电话</td><td>××</td><td>破损及不良的原因</td><td>处理后的设备状态</td><td>设备管理单位及车站签名</td><td>月日</td><td>时分</td></tr>
<tr><td rowspan="2">设备名称编号</td><td colspan="6" rowspan="2">××站至××站间(×行线)K1100+000 至 K1100+100。</td><td></td><td>经检查，钢轨重度擦伤，</td><td></td><td></td><td></td></tr>
<tr><td></td><td>××站至××站间(×</td><td></td><td></td><td></td></tr>
<tr><td rowspan="2">故障状态</td><td colspan="6" rowspan="2">××次司机汇报使用紧急制动停车(或列车分离、不明原因列车产生紧急制动停车、列车在限制坡度区段启动发生空转)。</td><td></td><td>行线)K1100+000 至</td><td></td><td></td><td></td></tr>
<tr><td></td><td>K1100+100 处需限速×</td><td></td><td></td><td></td></tr>
<tr><td rowspan="2">影响范围</td><td colspan="6" rowspan="2">××站至××站间(×行线)行车。　××工务工区：××，9:36</td><td></td><td>×km/h 运行。</td><td>××工务工区：××</td><td>8.1</td><td>10:50</td></tr>
<tr><td></td><td>调度命令××号,自</td><td></td><td></td><td></td></tr>
<tr><td rowspan="2">作业内容</td><td colspan="6" rowspan="2"></td><td></td><td>10:53 起限速××km/h。</td><td>车站:××</td><td>8.1</td><td>10:53</td></tr>
<tr><td></td><td>××站至××站间(×</td><td></td><td></td><td></td></tr>
<tr><td rowspan="2">给点时间</td><td colspan="6" rowspan="2">车站:××</td><td></td><td>行线)K1100+000 至</td><td></td><td></td><td></td></tr>
<tr><td></td><td>K1100+100 处重伤轨</td><td></td><td></td><td></td></tr>
</table>

登记单位(部门)：　　　　　　*年　月　日　时　分*　　　　　　运统-46

| 项目 | 通知时间 | | 到达时间 | | 通知方法 | 专职联络员到达后签名 | 消除不良及破损后的时分、签名 | | | | |
|---|---|---|---|---|---|---|---|---|---|---|---|
| | 月日 | 时分 | 月日 | 时分 | | | 破损及不良的原因 | 处理后的设备状态 | 设备管理单位及车站签名 | 月日 | 时分 |
| 设备名称编号 | | | | | | | | **处理完毕，申请恢复常** | | | |
| | | | | | | | | **速**。 | ××**工务工区**：×× | **8.1** | **11:34** |
| 故障状态 | | | | | | | | *调度命令××号，自* | | | |
| | | | | | | | | *11:38起恢复常速。* | *车站：××* | *8.1* | *11:38* |
| 影响范围 | | | | | | | | | | | |
| | | | | | | | | | | | |
| 作业内容 | | | | | | | | | | | |
| | | | | | | | | | | | |
| 给点时间 | | | | | | | | | | | |
| | | | | | | | | | | | |

(8)作废填记样张

登记单位(部门):××**供电工区**　　　　**2017 年 8 月 1 日*8* 时*25* 分**　　　　运统-46

| 项目 | 通知时间 | | 到达时间 | | 通知方法 | 专职联络员到达后签名 | 消除不良及破损后的时分、签名 | | | | |
|---|---|---|---|---|---|---|---|---|---|---|---|
| | 月日 | 时分 | 月日 | 时分 | | | 破损及不良的原因 | 处理后的设备状态 | 设备管理单位及车站签名 | 月日 | 时分 |
| | | | | | | ×× | | | | | |
| 设备名称编号 | **××站至××站间(×行线)K1105+100 至 K1105+ 500 接触网** | | | | | | | | | | |
| 故障状态 | | | | | | | | | | | |
| 影响范围 | | | | | | | | | | | |
| 作业内容 | | | | | | | | | | | |
| 给点时间 | *因××原因,作废。车站:××,8. 30* | | | | | | | | | | |

注:因车站原因作废的,车站值班员注明原因并签认;施工单位原因作废的,由施工单位联络员注明原因并签认。

## 第三节　电子运统-46登记、销记

电子运统-46是为了解决降低现场作业人员劳动强度、规范施工作业流程、提高施工(维修)作业效率的台账。

电子运统-46具有施工(维修)计划收集及下达、施工(维修)计划核对、调度命令请求及下达、作业人员签认等功能,相关单位应按照施工(维修)作业流程使用电子运统-46。正式开通使用电子运统-46的车站,使用系统进行施工(维修)登销记时,施工单位与车站不再办理书面登销记手续。

安装电子运统-46的计算机未经允许不得安装其他程序,不得外接U盘、光盘等设备。

### 一、系统组成

电子运统-46设备由中心设备(服务器和应用软件)、网络设备和终端设备组成,其中终端设备包括车务站段终端、车站终端(含指纹仪)、调度终端、维护终端。

电子运统-46分为《行车设备检查登记簿》和《行车设备施工登记簿》。施工(维修)登销记原则上使用电子《行车设备施工登记簿》,天窗点外维修作业应使用电子《行车设备检查登记簿》。

### 二、主要功能

1. 车务站段终端

接收管内施工(维修)计划,分发施工(维修)计划到车站并指定盯岗人员。

2. 车站终端

接收施工(维修)计划,办理施工(维修)登销记,发送请求施工、请求开通信息及签收施工(维修)调度命令。

3. 调度终端

接收施工(维修)作业请求信息,根据车站终端的请求下达调度命令。

4. 维护终端

录入用户指纹信息，维护施工（维修）登记、销记、取消计划等模板。

## 三、用户信息录入流程

1. 电子运统-46 用户开通后需要录入联络员等相关人员指纹。指纹信息录入时，主管部门要核实好相关人员身份后方可进行。每名用户必须每只手录入两个及以上指纹信息。

2. 各单位每半年必须对电子运统-46 用户进行清查，并将清查结果交北羊公司对用户信息进行维护。

## 四、请求施工（维修）作业登记

1. 施工开始前 2 h，车站值班员（车务应急值守员）登录电子运统-46。施工（维修）单位在电子运统-46 内选择作业日期、需要作业的施工（维修）计划，并核对施工日期、计划号、施工内容等，核对无误后登记签认。施工请求前的签认按施工（维修）主体单位、施工（维修）配合单位、车站值班员（车务应急值守员）、盯岗人员顺序进行签认。其中，施工（维修）作业有多个配合单位时，配合单位相互之间可无序签认。

2. 车站值班员（车务应急值守员）确认施工（维修）作业前准备工作已完成，点击"发送施工请求签名"按钮向列车调度员请求施工（维修）。

## 五、承认施工（维修）作业

1. 列车调度员收到车站值班员（车务应急值守员）的施工（维修）请求后，系统自动判别需下达的调度命令类型，并在流程跟踪中显示。列车调度员根据车站值班员（车务应急值守员）的施工（维修）请求，正确、及时下达相应的调度命令。

2. 车站接收到列车调度员下达的调度命令后，系统自动关联该调度命令，并在承认施工栏内显示调度命令号码。调度命令关联后，车站值班员（车务应急值守员）需根据调度命令内容选择施工（维修）作业时间段，并按照车站值班员（车务应急值守员）、施工（维修）主体单位、盯岗人员顺序进行签认。

3. 如调度命令无法进行自动关联，车站值班员（车务应急值守员）

在签认调度命令后，在电子运统-46内人工关联调度命令。

4. 所有单位驻站联络员在承认施工栏内签认完后，车站值班员（车务应急值守员）点击"收到施工命令签收签名"按钮，即可开始施工（维修）作业。

## 六、施工（维修）作业开通

1. 施工（维修）作业完毕后，施工（维修）作业主体单位登记开通条件，并由各施工（维修）配合单位、车站值班员（车务应急值守员）、盯岗干部签认。车站值班员（车务应急值守员）点击"发送开通请求签名"按钮向列车调度员发送开通请求。

2. 列车调度员收到车站值班员（车务应急值守员）的开通请求后，根据请求下达相应的调度命令。

3. 车站值班员（车务应急值守员）收到调度命令后，按照车站值班员（车务应急值守员）、施工（维修）主体单位、施工（维修）配合单位、盯岗人员进行签认。其中，施工（维修）作业有多个配合单位时，配合单位相互之间可无序签认。各单位签认完毕后，车站值班员（车务应急值守员）点击"收到开通命令签名"通知列车调度员施工（维修）作业完毕。

4. 维修作业结束无需下达调度命令情况下，由车站值班员（车务应急值守员）点击"结束"按钮。

5. 遇有施工（维修）完毕但设备未全部开通或开通后限速情况，需开通设备或恢复常速时，选择原施工（维修）登记表，点击"增加登记组"，由施工（维修）主体单位按照施工（维修）开通流程进行登记。

## 七、施工（维修）作业增加与变更

1. 施工（维修）作业过程中，需申请鼠标控制权、电务调试等相关作业内容，需由申请单位点击"增加登记组"按钮进行申请，签认过程与施工（维修）作业过程一致。其中，承认施工（维修）由车站值班员（车务应急值守员）点击"承认施工（维修）"按钮，并填记承认时间办理。

2. 施工（维修）作业需延迟开通时，由申请单位点击"增加登记组"按钮登记原因，车站值班员（车务应急值守员）与申请单位进行签认。签认完毕后由车站值班员（车务应急值守员）向列车调度员发送请求。

3. 遇特殊原因需取消施工（维修）作业时，由施工主体单位选择要取消的计划，点击“取消”按钮，并填记取消施工（维修）作业原因。

## 八、主要注意事项

1. 电子运统-46 数据应保存一年，任何单位及个人不得篡改数据。

2. 遇电子运统-46 故障时，各中间站应及时使用备用的纸质运统-46 进行登记，并通知系统维护人员进行处理。

3. 遇指纹仪不能使用时，应及时更换备用指纹仪，如备用指纹仪也不能使用时，启用纸质运统-46。

4. 终端设备硬件及操作系统由终端设备固资所属单位维护。遇电子运统-46 故障时，车站应及时使用备用的纸质运统-46 进行登记，并通知终端维护人员，由终端维护人员进行故障处理或根据故障类型通知相关单位（部门）处理。

遇指纹仪不能使用时，应及时更换备用指纹仪，如备用指纹仪也不能使用时，按故障处理。

## 九、电子《行车设备施工登记簿》填记规定

1. 施工主体单位填记电子《行车设备施工登记簿》申请施工维修时，应对施工日期与计划号、施工地点、里程、开通后限速条件、施工内容及影响范围等逐项进行核对，确认无误后方可进行施工请求前的登记签名操作。承认施工时，车站值班员在关联调度命令完毕，确认施工条件具备后，点击“承认施工”，依次让施工主体单位、配合单位、盯控人员进行签名操作。

2. 车站值班员获取调度命令时，须仔细核对下令时间，如与TDCS/CTC 系统下令时间不一致，应手工修改一致。

3. 遇特殊原因需取消施工维修作业时，由施工主体单位选择要取消的计划，点击“取消”，并填记原因。

4. 施工维修作业需延迟开通或分步申请施工时，由申请单位点击“增加登记组”登记原因或申请施工的内容，申请单位与车站值班员进行签认。签认完毕后由车站值班员向列车调度员发送请求。

5. 遇施工维修作业需分步申请开通时，由申请单位点击“增加开

通”,按照施工维修开通流程进行销记。

6. 遇施工维修作业完毕但设备未全部开通或开通后限速等情况,先不点击任何“结束”;待全部开通或恢复常速时,选择原施工维修登记表,点击“增加登记组”,由施工维修主体单位按照施工维修开通流程进行登记。

7. 遇电子运统-46 系统故障或停电时,应立即启用纸质运统-46 填记,并执行如下规定:

(1)办理申请或承认施工时故障,应立即启用纸质运统-46 重新填记。

(2)办理施工销记时故障,应立即启用纸质运统-46 填记销记内容,待电子运统-46 恢复正常后,打印该条计划的“请求施工登记”栏和“承认施工”栏内容,粘贴于纸质运统-46 相应栏目下。

(3)因电子运统-46 系统故障或停电而中途终止电子运统-46 登销记的施工维修计划,待系统恢复正常后,由施工主体单位点击“取消”,填记“因电子运统-46 故障或停电取消该条计划的电子运统-46 登销记”。

## 第四节　楼内外联络登记

1.《楼内外联络登记簿》管理规定:《楼内外联络登记簿》应逐项如实填写,保存期为 1 年,车间每月检查 1 次。

2.《楼内外联络登记簿》的作业方式一栏按照“垂直天窗(停轮修)”“V 型天窗”“点外作业”“应急处置”“施工”“设备检修”“设备巡视进行填记录”。

3.《楼内外联络登记簿》的安全控制措施一栏按照“双人双岗”“专人防护”“电话联络”“站场广播”“电台联络”进行填记录。

4.《楼内外联络登记簿》的设备名称一栏必须逐组登记,不得笼统登记。

5.《楼内外联络登记簿》的现场作业人员一栏必写不下时,可两行并一行写。

# 第七章　营业线施工管理

铁路营业线施工必须把确保安全放在首位，坚持“安全第一、预防为主、综合治理”的方针，建设、设计、施工、监理、行车组织、设备管理等单位和部门必须严格执行铁路营业线施工管理和《中华人民共和国安全生产法》《铁路安全管理条例》《建设工程安全生产管理条例》《铁路技术管理规程》《铁路交通事故调查处理规则》《广铁集团普速铁路行车组织规则》《广铁集团高速铁路行车组织细则》等法律、法规和规章规定。

铁路营业线施工是运输组织的重要组成部分，要坚持运输、施工兼顾的原则，加强施工计划管理，加强施工组织和施工期间的运输组织，按计划、有组织地进行各项施工，积极推广使用技术先进的施工机具和施工方法，提高施工作业效率和质量。

铁路营业线施工是指影响营业线设备稳定、使用和行车安全的各种施工作业，按组织方式、影响程度分为施工和维修两类。

铁路营业线施工适用于铁路局管内国家铁路、国家铁路控股的合资铁路及委托铁路局运营管理的铁路营业线施工安全管理，邻近营业线施工纳入营业线施工安全管理范畴。

铁路营业线施工将铁路营业线分高速铁路和普速铁路进行管理。高速铁路相关联络线及动车走行线、新建设计速度 200 km/h 的铁路及相关联络线和动车走行线按高速铁路管理。既有线提速 200～250 km/h 区段按普速铁路管理。

普速铁路分为繁忙干线、干线和其他线路(仅限本书)。铁路局管内繁忙干线包括京广、京九线，干线包括焦柳、沪昆、湘桂、益湛(不含马路圩—茂名东)、广茂、广深(广州—东莞)、渝怀、石长线，其他线路是指上述繁忙干线、干线以外的普速铁路线。

# 第一节　营业线施工项目

## 一、施工项目

1. 线路及站场设备技术改造，增建双线、新线引入、电气化改造等施工。

2. 跨越、穿越线路、站场的桥梁、涵洞、管道、渡槽和电力线路、通信线路、油气管线以及铺设道口、平过道等设备设施的施工。

3. 在铁路安全保护区内架设、铺设管道、渡槽和电力线路、通信线路、杆塔、油气管线等设施的施工。

4. 在规定的安全区域内实施爆破作业，在线路隐蔽工程(含通信、信号、电力电缆径路)上作业，影响路基稳定的各种施工。

5. 在信号、联锁、闭塞、TDCS/CTC、列控等行车设备上的大中修、改造施工。

6. 影响营业线正常运营的铁路重要信息系统运行环境改造、软硬件平台更新、应用软件变更等施工。

7. 设置在线路上的安全检测、监控设备的新建、技术改造、大中修及 TPDS(货车运行状态地面安全监测系统)设备标定施工。

8. 承载行车通信业务的通信网络调整施工和中断行车通信业务的通信设备施工。本细则中行车通信业务是指列车调度语音通信、无线调度命令信息、无线车次号校核信息以及列控数据等与列车运行相关的信息传送业务和承载列车控制、TDCS/CTC、信号闭塞、5T(铁路车辆运行安全监控体系)、牵引供电远动、防灾监控等系统的网络通道。

9. 线路大中修，路基、桥隧涵大修及大型养路机械施工。

10. 成段破底清筛、更换钢轨或轨枕，成组更换道岔(含钢轨伸缩调节器)，更换轨枕板施工。

11. 无缝线路应力放散。

12. 牵引供电变配电设备、电力、接触网技术改造及大修施工。

13. 车站站台、雨棚、天桥等建筑物、股道(或站台)上方的玻璃幕墙、客运上水和吸污设备、站场供水设施技术改造及大中修施工。

14. 高速铁路线路、路基、桥隧涵病害整治，冻害整治，更换轨枕(板)及道岔主要部件等施工。

15. 高速铁路整锚段更换接触线、承力索，更换接触网支柱，隧道内接触网预埋件整治等施工。

16. 其他影响营业线设备稳定、使用和行车安全的施工。

## 二、维修项目

维修项目是指作业开始前不需限速，结束后须达到正常放行列车条件，并且在维修天窗时间内能完成的项目。

### (一)信号维修(高速)天窗作业项目

1. 信号Ⅰ级维修项目

(1)年度信号联锁关系检查试验(指列入年表的年度联锁关系进路检查试验，不含单项试验)。

(2)室内、外单套设备更换(指成套更换单个轨道区段发送或接收端设备，更换调车信号机机构或配线，室内不涉及软件修改的联锁、列控、CTC 工控机更换，更换电源开关箱，道岔安装装置、锁闭装置更换，更换 ATP 单项设备，室内一次更换 20 台及以上继电器等)。

(3)电源屏年检。

(4)工电联合整治道岔。

(5)配合委外维保单位进行室内列控、信号安全数据网、CTC、防火墙、UPS 疑难问题整治工作。

(6)室外设备单个道岔牵引点、单个区段、单架信号机综合绝缘不良查找。

(7)由多个工区、部门共同进行的较复杂作业。

(8)其他由电务段确定的须纳入Ⅰ级维修的项目。

2. 信号Ⅱ级维修项目

(1)道岔转辙设备检修。

(2)信号机设备检修及显示调整。

(3)区间、站内轨道电路设备检修。

(4)信号机械室、中继站、箱式机房内设备检修。

(5)列控地面设备、TDCS/CTC设备检修。

(6)不更换器材的电源屏年检。

(7)各种箱盒、贯通地线、光电缆等设备检修。

(8)室内、外设备整治及零小器材更换(指更换道岔转辙机接点组,轨道电路变压器、扼流变压器、区间调谐匹配单元、空芯线圈等)。

(9)单项设备联锁关系检查试验(指道岔、站内及区间轨道电路,信号机设备单项联锁关系检查)。

(10)配合委外维保单位进行空调、消防、融雪装置、厢式机房年度检查、整治工作及室内列控、信号安全数据网、CTC、防火墙、UPS年度检查、简单问题克服。

(11)在天窗内可以完成的其他作业项目。

### (二)信号维修(普速)天窗作业项目

1. 信号Ⅰ级维修项目

(1)年度信号联锁关系检查试验(指列入年表的年度联锁关系进路检查试验,不含单项试验)。

(2)室内、外单套设备更换(指成套更换单个轨道区段发送或接收端设备、道岔安装装置、外锁装置,更换调车信号机机构或配线,室内不涉及软件修改的单个联锁机机笼更换、联锁系统工控机更换,更换电源开关箱、室内一次更换20台及以上继电器)。

(3)更换器材的电源屏年检。

(4)工电联合整治道岔,配合工务更换正线、复式交分、驼峰分路道岔尖轨、基本轨等(工电联合整治道岔指道岔某一牵引点及以上数量杆件需拆装的工电联合整治)。

(5)维修作业中正线4根钢轨及以上的钢轨打眼(含作业区域侵限的备用钢轨打眼)作业。

(6)驼峰测长精调。

(7)更换可动心轨道岔尖轨、基本轨、心轨,配合施工引起的钢轨打眼(指线上钢轨打眼、作业区域侵限的备用钢轨打眼)作业。

(8)较简单的电源对地绝缘不良、电缆对地绝缘不良的查找。

2. 信号Ⅱ级维修项目

(1)道岔转辙设备、轨道电路、信号机、光电缆、贯通地线、各种箱盒等室外信号设备检修。

(2)信号机械室、箱式机房内设备检修。

(3)影响道口及车站设备正常运用的设备检修。

(4)影响驼峰信号设备使用的检修作业。

(5)不更换更换器材的电源屏年检。

(6)室内、外设备整治及单个设备、零小器材更换。

(7)TDCS/CTC 设备、CTCS-2 级列控地面设备检修。

(8)单项设备联锁关系检查试验。

(9)在天窗内可以完成的其他作业项目。

(10)维修作业中正线 3 根钢轨及以下和侧线钢轨打眼(含作业区域侵限的备用钢轨打眼)作业。

(11)高柱信号机、道岔安装装置的去锈、油漆作业。

## 第二节　天　　窗

天窗是指列车运行图中不铺画列车运行线或调整、抽减列车运行线为施工和维修作业预留的时间,按用途分为施工天窗和维修天窗。规定如下:

1. 高速铁路天窗原则上不应少于 240 min。

京广高速线和杭深线天窗时间由铁路局根据列车运行图铺画情况按区间最大化预留;铁路局根据动车组卧铺列车开行情况按开行日和非开行日公布,动车组卧铺列车开行日垂直天窗时间不少于 180 min,非开行日区间垂直天窗时间不少于 300 min;维修天窗在时间安排上应与施工天窗重叠套用;施工天窗、维修天窗应连续安排。

2. 普速铁路施工天窗:技改工程、线桥大中修及大型养路机械作业、接触网大修及改造时,不应少于 180 min。

3. 普速铁路维修天窗:双线不应少于 120 min,单线不应少于 90 min。维修天窗在时间安排上应与施工天窗重叠套用,除春运、节假日及国铁集团调度命令停止外,原则上每月每区间不应少于 20 次(双线为单方向）。维修单位确不需要时，经铁路局主管业务部门主任或副主任批准，可不申请或减少天窗次数、时间，不计入天窗修考核。与正线相邻的到发线的维修天窗作业原则上在图定天窗内安排，其他到发线的维修天窗作业可在图定天窗时间以外的时段安排，但不得影响正线及邻线行车；单线区段两个相邻的中间站，不得在图定天窗以外时段同时安排到发线的维修天窗作业；双线区段两个相邻的中间站，不得在图定天窗以外时段同时安排同一行别的到发线维修天窗作业。

4. 各条线路天窗时间和位置在编制列车运行图时确定。京广高速线及杭深线因施工、维修需要调整天窗影响跨局旅客列车（含确认列车）时，必须报国铁集团调度部批准；其他各线因施工、维修需要临时调整高速铁路、繁忙干线和影响跨局运输的干线天窗时，必须报国铁集团调度部批准。

5. 普速铁路双线车站同时影响上下行正线的渡线道岔或影响全站信号设备正常使用的电务（或供电）为主、工务综合利用的设备检修，每月原则上安排3次垂直天窗，每次30～60 min（列车运行图条件允许的区段可适当增加垂直天窗时间）。编组、区段站可按接发列车方向划分联锁区，按联锁区每月应保证2次不少于30～60 min天窗；驼峰设备维修作业原则上实行“停轮修”，利用每天交接班或其他停轮时间进行，每次作业不少于40～60 min。

广深线每日安排一次垂直天窗，其中广州—广州东间Ⅰ、Ⅱ线不少于90 min，广州东—深圳间Ⅰ、Ⅱ线不少于180 min，广州东—深圳间Ⅲ、Ⅳ线不少于90 min，同时影响广深Ⅰ、Ⅱ、Ⅲ、Ⅳ线的垂直天窗不少于90 min。

未兑现的垂直天窗在当月内可由调度所调整安排。受垂直天窗影响的列车，由调度所在日班计划中调整运行，但不得随意调整进京、进沪旅客列车和动车组、特别旅客快车。

6. 编组、区段站每个供电臂每月应保证1次不少于30 min封锁停电时间，电气化双线区段每月应适当安排垂直检修天窗。

7. 不影响跨局运输的干线和其他线路，根据施工和维修需要，可适当增加天窗时间和次数或对天窗时段进行调整。

8. 协议修车站（动车段）划分维修分区，具体要求如下：

(1)岳阳北、长沙北、捞刀河、长沙、株洲北、田心、株洲、衡阳北(含耒河线路所)、茶山坳、衡阳、郴州、韶关东、江村、广州、广州东、下元、平湖南、湘潭东、娄底、百亩井、怀化、怀化西、石门县北、永州、永州东、三水西、春湾、茂名、双峰北、东莞东、龙川、龙川北、海口、广州南站等运输较为繁忙的车站及广州动车段,列为协议修车站(动车段),按分咽喉、分联锁区的方式,划分成若干个维修分区,结合各维修分区内运输组织的不同特点,由设备管理单位对维修分区内设备进行维修作业。

(2)协议修车站(动车段)维修分区方案由车务站段牵头组织设备管理单位共同研究确定,报铁路局运输部审批后公布实施。协议修车站(动车段)维修作业计划原则上按照维修分区进行申报和审批。

(3)协议修车站(动车段)改造、列车运行图调整或车站生产组织模式发生较大变化时,由车务站段组织相关设备管理单位重新修订并报批。

(4)需增加或减少协议修车站(动车段)时,由车务站段组织相关设备管理单位研究后,报运输部批准。

9. 施工天窗和维修天窗的安排,按以下规定办理:

(1)施工天窗安排

①繁忙干线集中修、高速铁路、图定货物列车对数小于12对的普速铁路施工时可连续安排施工天窗。

②其余各线周六、周日不安排施工天窗。

(2)维修天窗安排

①高速铁路每日安排维修天窗。天窗利用原则上实行专业天窗日制度,即每旬逢1、4、7日以工务专业为主,其他专业兼用;逢2、5、8日以电务专业为主,其他专业兼用;逢3、6、9日以供电专业为主,其他专业兼用;每月10日、20日、30日可用于动车组试运或自轮运转设备运行。

②普速铁路轨道结构为新Ⅱ型或Ⅲ型轨枕、Ⅰ级以上道砟、无缝线路区段(具体区段由铁路局工务处另文公布),周一至周四安排维修天窗,周五、周六、周日不安排维修天窗;广深Ⅰ、Ⅱ线及货物列车对数小于12对的区段每日安排维修天窗;其他区段周一至周五安排维修天窗,周六、周日不安排维修天窗。

(3)同一区段同方向原则上一天只能安排一次天窗。普速铁路能力紧张给点困难的区段不能满足 90 min 维修天窗时，可安排分两次给点。

## 第三节　天窗综合利用

各项施工、维修作业要采用平行作业的方式，综合利用天窗，提高天窗的利用率。

1. 高速铁路维修作业原则上按车站和区间上、下行分别划分基本作业单元；接触网检修作业按供电臂划分停电单元；站内维修作业可根据需要划分不同作业区域；维修作业原则上按作业单元分别组织，需同时占用两个及以上作业单元时，需相关单位协商一致。

2. 综合利用天窗进行施工(维修)作业时，原则上以施工单位为主体单位；有多个施工单位作业时，原则上以开行作业车(含路用列车、自轮运转特种设备及单机等)的施工单位为主体单位，无作业车开行时，按工务、供电、电务、房建、通信、车辆专业的顺序依次确定主体单位；仅有维修作业时，原则上以开行作业车的维修作业单位为主体单位，无作业车开行时，按供电、工务、电务、房建、通信、车辆专业的顺序依次确定主体单位。由主体单位统一划分各单位作业范围及分界点，各作业单位必须按规定分别设置防护。

3. 区间、车站站内无作业车开行时，可安排多项不影响施工且互不影响的维修作业。

4. 作业车仅在区间作业时，发车站与返回站均可安排站内维修作业，但必须执行以下规定：

(1)普速铁路发车站须于作业车开出后方可安排站内维修作业；返回站站内维修作业须于作业车返回车站至少 10 min 前结束并销记；影响作业车接车进路的站内维修作业销记前，返回站不得开放作业车所在区间的进站信号。

(2)高速铁路发车站须于作业车开出后方可安排站内维修作业；返回站站内的维修作业须于作业车返回车站至少 30 min 前结束并销记，且其接车一端咽喉不得安排维修作业；影响作业车接车进路的站内维修作业销记前，返回站不得开放作业车所在区间的进站信号。

5. 普速铁路站内使用作业车进行施工（维修）作业时，作业车运行径路之外，可安排股道内方的维修作业；作业车运行径路仅限于车站股道内方及一端咽喉时，车站另一端咽喉可安排不影响作业车运行的维修作业。协议修车站站内作业车运行径路之外，可安排不影响作业车运行的其他维修分区维修作业。

高速铁路站内使用作业车进行施工（维修）作业时，站内不再安排其他维修作业。

6. 普速铁路区间开行路用列车进行施工（维修）作业时，综合利用天窗按以下原则安排：区间开行两列及以上路用列车时，原则上不得安排综合利用天窗的维修作业；区间开行一列路用列车时，在路用列车运行范围以外（日计划必须注明路用列车运行范围），可安排与路用列车使用单位同一专业的维修作业，主体单位路用列车运行范围（含作业范围）与其他综合利用单位的作业范围之间必须保持不少于 1 000 m 的安全距离，并各自做好安全防护；电务部门仅停用区间闭塞设备且不需人员上道的室内设备维修作业（须在维修计划中注明）可照常安排，但不得影响路用列车返回站进站信号机的正常使用。

高速铁路区间一行别开行路用列车进行施工（维修）作业时，该区间同一行别不再安排其他综合利用天窗的维修作业；高速铁路区间开行路用列车时，同一封锁区间每端只开行一列路用列车；有多台作业车进入同一区间时，作业车辆应组成综合作业车列合并运行，共用一个调度命令进入区间、返回车站或到达前方站；作业车及车列由车站开往区间后，由主体作业单位统一组织协调，划分各作业车的作业范围及分界点。各作业单位必须严格按规定分别设置防护。

高速铁路区间天窗内所有影响路用列车运行的维修作业必须在路用列车通过后方可进行，并须在路用列车返回前结束。

7. 综合利用天窗的施工作业，应纳入同一施工计划，计划中须明确施工主体单位及综合利用单位。施工主体单位、综合利用单位必须指派驻站联络员，施工主体单位驻站联络员负责运统-46 登销记，各综合利用单位驻站联络员同时签名确认。

施工期间，施工主体单位负责各综合利用施工单位间的协调、开通条件的总确认，综合利用单位必须服从施工主体单位负责人的管理。综合利用单位施工完毕后，其施工负责人必须及时向施工主体单位施工负责人汇报。施工主体单位施工负责人须确认综合利用天窗的各单位、各工点全部施工完毕后，方可办理施工销点手续。

8. 普速铁路同一区间综合利用天窗时，各施工(维修)单位须在同一车站办理登销记。

## 第四节　施工及维修作业的组织

### 一、基本要求

1. 调度所应加强施工期间的行车组织指挥，严格按施工计划安排施工，不得以调整运输为由随意压缩施工时间和无故停止施工。

2. 调度所应按公布的维修天窗时间及时给点。遇特殊情况不能按时给点时，列车调度员应向值班主任报告，得到批准后在调整前 3 h 通知作业单位调度；必须减少天窗时间或取消维修天窗时，须经主管运输副总经理或总调度长批准。

3. 在电气化区段需接触网停电的施工(维修)作业，供电部门办理停电或送电手续所占用的天窗时间原则上不应超过 10 min。

4. 施工(维修)单位必须按规定时间节点提前通知有关配合单位参加预备会并安排作业人员现场配合，各配合单位必须及时到场并按规定程序进行配合签认。

5. 列车调度员应及时了解掌握施工进度，如因特殊情况不能按时开通或不能按规定速度运行时，施工单位应提前通知车站值班员，报告列车调度员延长时间的原因或限速运行，并至少提前 20 min 登记运统-46 申请。有施工作业车时，列车调度员要优先安排作业车返回基地。

### 二、高速铁路

1. 高速铁路维修作业按照统筹安排、综合利用的原则组织实施。设备管理部门在制定维修作业计划涉及其他部门时要主动联系其他设备管理部门，减少或避免维修作业时相互干扰。

2. 高速铁路施工(维修)作业需开行路用列车时,路用列车开行方案必须纳入施工(维修)计划。路用列车开行方案必须明确发站、到站、编组、运行径路、作业地点、作业防护地点及转线计划,明确路用列车司机和随车的施工负责人的联系电话(包括 GSM-R 电话号码)。施工(维修)计划下达后,施工(维修)单位不得随意变更路用列车开行方案。

3. 高速铁路固定设备上线检查、检测、维修工作都必须在天窗时间内进行,天窗时间外不得进入桥面、隧道和路基地段栅栏范围内。其他地段的检修作业由铁路局主管业务部门制订相关规定并公布。

京广高速及杭深线遇有暴风雨(雪)天气或地震,设备管理单位如仅需在路肩、桥梁作业通道且不侵入铁路建筑限界检查,本线列车应限速 160 km/h 及以下,设备管理单位应在《行车设备检查登记簿》内登记,提出本线行车限制条件,在得到列车调度员(车站值班员)给点签认后方准检查。

4. 各作业单位要制定夜间作业办法,作业前,应检查照明设备性能是否安全可靠,电源是否充足;作业时,要保证整个作业区段的可视程度和每个作业组在关键处所的照明强度;照明设备应安排人员看管、放置稳固;照明设备不良或配备不足时,严禁进行作业。

5. 高速铁路维修天窗结束后开行动车组列车前,应开行确认列车,确认列车开行纳入列车运行图。

## 三、普速铁路

1. 普速铁路维修作业,双线 V 型天窗区段一线作业时不得影响另一线行车设备的正常使用,涉及上下行渡线时原则上应利用垂直天窗实施。同一区间当日安排有施工天窗时,维修作业应在施工天窗内等时长套用,不再单独安排维修天窗。

2. 维修大窗的实际给点时间由列车调度员根据列车运行情况按最大化给点。

3. 车站不办理接发列车(含到达场、出发场不办理接发列车一端)的行车设备,在确保安全的前提下,维修作业由车站负责安排。

机务、车辆、动车(所)段内有关行车设备的维修作业,在确保安全和不影响机车(动车组)出入、车辆取送的前提下,由机务、车辆、动车(所)段负责安排。

4. 下列维修作业可在天窗点外进行,但严禁利用速度160 km/h及以上的列车与前一趟列车之间的间隔时间作业。其他维修项目必须纳入天窗,严禁利用列车间隔时间作业。

工务部门:

(1)使用探伤小车、轨检小车等随时能撤出线路的便携设备进行上线检查、检测作业,预卸路料的加固,线路标志涂刷,整理道床,清理垃圾或弃物。其他在道床坡脚以外栅栏以内不影响线桥设备正常使用的作业。

(2)线路限速或允许速度小于等于60 km/h的区段,允许使用撬棍、洋镐、小型液压起拨道器、螺栓扳手等小型工具进行螺栓涂油、捣固、改道、补充或紧固轨道联接零件、撤垫板作业,但严禁利用旅客列车与前一趟列车之间的间隔时间作业。

信号部门:光电缆径路检查、室内外设备巡视检查及道岔转换试验等不影响电务设备机械强度、电气特性的作业。

通信部门:在道床坡脚以外进行不影响行车通信业务正常使用的通信设备、线路及附属设施的日常维修、业务办理和保护试验等作业。

供电部门:接触网步行巡视、静态测量、测温等设备检查作业;接触网打冰,处理鸟窝、异物;在道床坡脚以外栅栏以内的标志安装及整修、基础整修、接地装置整修、支柱基坑开挖等不影响设备正常运行的作业。

车辆部门:设备巡视、检查、油润、紧固和清除异物的作业。

货运部门:货运计量安全检测设备巡视、检查和外部清扫、油润,清除影响正常工作的异物作业。

房建部门:在站台安全线以内进行日常设备巡视。

上述作业必须制定天窗点外维修作业计划,天窗点外维修作业计划由设备管理单位车间或段一级批准,具体审批程序由铁路局主管业务部门规定。作业时,驻站联络员凭设备管理单位批准的作业计划,在车站《行车设备检查登记簿》内登记,车站值班员签认,必须按规定设置驻站联络员、现场防护员,联系中断时必须停止作业。

5. 运输部门要加强运输组织和调度指挥工作，确保天窗次数及时间兑现。因旅客列车晚点等原因，准许变更天窗起止时间，列车调度员应提前通知有关车站值班员，车站值班员通知施工负责人。

# 第五节　营业线施工等级的划分

## 一、高速铁路施工等级分为三级（Ⅰ、Ⅱ、Ⅲ级）

### （一）Ⅰ级施工

1. 超出图定天窗时间且需要调整图定跨局旅客列车开行（含确认列车）的大型站场改造、新线引入、全站信联闭改造、CTC 中心系统设备及列控系统设备改造、换梁、上跨铁路结构物等施工。

2. 中断跨局行车通信业务且影响范围内有图定列车运行的 GSM-R 核心网络设备施工。

### （二）Ⅱ级施工

1. 不需要调整图定跨局旅客列车开行（含确认列车）的站场改造、新线引入、全站信联闭改造、CTC 中心系统设备及列控系统设备改造、整锚段更换接触线或承力索、换梁、上跨铁路结构物施工。

2. 中断跨局行车通信业务且影响范围内没有图定列车运行，以及中断本铁路局行车通信业务且影响范围内有图定列车运行的通信网络设备施工。

### （三）Ⅲ级施工（信号专业）

除Ⅰ级、Ⅱ级施工以外的各类施工均为Ⅲ级施工，Ⅲ级施工按影响程度分为Ⅲ级重点施工、Ⅲ级一般施工。

1. Ⅲ级重点施工

（1）影响全站或一头咽喉（包括成片联锁区）信联闭或列控设备使用且较复杂的施工。

（2）各种站场改造或联锁关系变更的施工。

（3）涉及联锁条件变更的拆、配线施工。

(4)较复杂的新设备开通或影响既有设备使用的新设备安装施工。

(5)RBC、TSRS、TCC、计算机联锁等地面设备涉及联锁关系变更的软件更新、数据修改,及其他二类(含)以上软件变更的施工。

(6)RBC、TSRS 系统核心部件及需要灌装软件的硬件更换。

(7)CTC 中心涉及数据库服务器、应用服务器、核心网络设备的主要软件、数据修改;影响调度台及管辖区段多个车站的 CTC 软件、数据的修改和硬件更换。

(8)信号安全数据网主要网络设备更换、配置修改及网络拓扑结构变更的施工。

(9)道岔(动车段、所 3 组及以上道岔)大修,电源屏等主要信号设备大修。

(10)一次进行 3 个及以上的地面应答器、LEU 设备更换或报文修改。

(11)影响一头咽喉及以上或影响正线信联闭设备使用的 16 芯以上主干电缆(含电缆箱盒和地下接续)更换。

(12)较复杂的电源对地绝缘、电缆绝缘不良处理。

(13)更换 ATP 车载设备系统软件并需要进行动态试验的施工。

(14)LKJ 数据换装施工。

(15)单次更换涉及 4 个牵引点及以上的可动心轨道岔转辙机、安装装置、外锁装置、尖轨、基本轨、心轨。

(16)其他由电务系统营业线施工协调小组确定为Ⅲ级重点的施工。

2. Ⅲ级一般施工

(1)信号系统设备三类软件变更,TCC、CTC、计算机联锁等需要灌装软件但不影响联锁关系的硬件更换。

(2)涉及单个车站(含对应调度台、邻站)的 CTC 软件、数据的修改。

(3)一次进行 3 个以下的地面应答器、LEU 设备更换或报文修改。

(4)更换 ATP 车载设备系统软件不需要进行动态试验的施工。

(5)其他影响范围较小、技术不复杂的数据配置修改。

(6)动车段(所)3 组以下道岔大修。

(7)更换道岔转辙机。

(8)配合工务更换道岔尖轨、基本轨、心轨。

(9)除Ⅲ级重点施工项目以外的电缆、电缆箱盒(含地下接续装置)更换。

(10)安装或移设信号机,更换列车信号机构或配线。

(11)新增轨旁设备安装施工。

(12)信号机械室内不涉及联锁的改、拆、配线作业。

(13)ATP车载设备各单元软件升级施工。车载设备参数修改(轮径修改除外)或成批更换车载设备硬件模块。

(14)电源对地绝缘、电缆绝缘不良处理。

(15)除Ⅲ级重点施工项目以外的其他施工。

## 二、普速铁路施工等级分为三级(Ⅰ、Ⅱ、Ⅲ级)

### (一)Ⅰ级施工

1. 繁忙干线封锁5 h及以上、干线封锁6 h及以上或繁忙干线和干线影响信联闭8 h及以上的大型站场改造、新线引入、信联闭改造、电气化改造、CTC中心系统设备改造施工。

2. 繁忙干线和干线大型换梁施工。

3. 繁忙干线和干线封锁2 h及以上的大型上跨铁路结构物施工。

4. 中断繁忙干线6 h及以上或干线7 h及以上且同时中断两站以上行车通信业务的通信网络设备施工。

### (二)Ⅱ级施工

1. 繁忙干线封锁正线3 h及以上或影响全站(全场)信联闭4 h及以上的施工。

2. 干线封锁正线4 h及以上或影响全站(全场)信联闭6 h及以上的施工。

3. 繁忙干线和干线其他换梁施工。

4. 繁忙干线和干线封锁2 h以内的大型上跨铁路结构物施工。

5. 中断繁忙干线4 h以上或干线5 h以上且同时中断两站以上行

车通信业务的通信网络设备施工。

大型养路机械维修、清筛，人工处理路基基床，成段更换钢轨和轨枕以及不影响邻线正线行车的更换道岔施工除外。

### （三）Ⅲ级施工（信号专业）

除Ⅰ级、Ⅱ级施工以外的各类施工均为Ⅲ级施工，Ⅲ级施工按影响程度分为Ⅲ级重点施工、Ⅲ级一般施工。

1. Ⅲ级重点施工

（1）影响全站（场）或一头咽喉（包括成片联锁区）信联闭设备使用且较复杂的施工。

（2）各种站场改造或联锁关系变更较大的施工。

（3）信号楼内涉及联锁修改和条件变更的改、拆、配线施工。

（4）影响一个咽喉及以上信联闭使用的新设备开通施工。

（5）计算机联锁、TCC、驼峰系统软件升级及修改的施工。

（6）TDCS/CTC 中心涉及数据库服务器、应用服务器、核心网络设备的主要软件、数据修改；TDCS/CTC 中心主要硬件设备更换；影响调度台及管辖区段多个车站的 TDCS/CTC 软件、数据的修改和硬件更换。

（7）影响范围较大、技术较复杂的 TDCS/CTC 中心、车站硬件更换或软件数据修改；局部网络拓扑结构的变更。

（8）更换 ATP 车载设备系统软件并需要进行动态试验的施工。

（9）一次进行 3 个及以上的地面应答器、LEU 设备更换或报文修改。

（10）驼峰大缓大修。

（11）配合工务道岔上道（含转换控制方式发生变化的道岔大修施工，室外原位原状大修除外）。

（12）京广、沪昆、广深、京九、焦柳、渝怀、石长、广茂、广珠线及枢纽站的电源屏更换。

（13）较复杂的电源对地绝缘不良查找。

（14）影响一头咽喉及以上或影响正线信联闭设备使用的 16 芯以上主干电缆（含电缆箱盒和地下接续）更换。

(15)LKJ 数据换装施工。

(16)单站更换正线及与正线相关 8 组以上道岔的转辙机，或单次更换正线及与正线相关 3 组及以上道岔的转辙机。

(17)涉及基础吊装的驼峰小缓大修。

(18)其他由电务系统营业线施工协调小组确定为Ⅲ级重点的施工。

2. Ⅲ级一般施工

(1)除Ⅲ级重点施工外的其他道岔大修、电源屏大修及主干电缆、电缆箱盒(含地下接续装置)更换。

(2)较复杂的电缆综合绝缘不良查找。

(3)一次进行 3 个以下的地面应答器、LEU 设备更换或报文修改。

(4)更换 ATP 车载设备系统软件不需要进行动态试验的施工。

(5)TDCS/CTC 中心、车站更换影响范围较小、技术不复杂的硬件设备或不涉及软件变更的配置修改。

(6)除Ⅲ级重点施工项目以外的更换或安装转辙机、转辙机配线(含蛇管)、转换锁闭器、握柄及导管整治。

(7)不涉及基础吊装的驼峰小缓大修。

(8)信号机械室内不涉及联锁变更的改、拆、配线作业(与既有组合架无关联的新设备配线除外)。

(9)安装或移设信号机，更换列车信号机机构或配线。

(10)ATP 车载设备各单元软件升级施工，更换 ATP 单项主要设备。

(11)外单位委托进行的 LKJ 数据换装施工。

(12)除Ⅲ级重点施工项目以外的其他施工。

3. 信号设备中修、专项整治项目中，同一站(场)单次更换 3 组及以下道岔的转辙机(含安装装置)，箱盒、地面应答器、LEU 设备更换及箱盒内器材更换，信号机更换，电缆综合绝缘不良查找及影响范围较小(可在维修天窗点内完成的)的项目必须按照施工项目进行管理，经段主管领导批准，可在维修天窗点内进行，车间、相关科室及调度指挥中心应按照施工盯控。

## 三、通信专业高速(普速)Ⅲ级施工

除高速(普速)Ⅰ级、Ⅱ级施工以外的各类施工均为Ⅲ级施工,Ⅲ级施工按影响程度分为Ⅲ级重点施工、Ⅲ级一般施工。

1. Ⅲ级重点施工(影响行车)

(1)影响业务使用的GSM-R系统MSC、BSC、GGSN、SGSN等设备扩容接入施工和系统软件升级施工。

(2)影响行车业务使用的局干层以上传输设备扩容接入及软件版本的升级施工。

(3)影响业务使用的普铁数字调度主系统主要设备施工和系统软件升级施工。

(4)其他由电务系统营业线施工协调小组确定为Ⅲ级重点(影响行车)的施工。

2. Ⅲ级重点施工(不影响行车)

(1)数据网单套核心节点设备升级重启。

(2)通信一类、二类机房电源设备施工。

(3)不影响业务使用的GSM-R系统MSC、BSC、GGSN、SGSN设备扩容接入施工。

(4)其他由电务系统营业线施工协调小组确定为Ⅲ级重点(不影响行车)的施工。

3. Ⅲ级一般施工(影响行车)

(1)影响行车业务使用的汇聚层传输设备以上扩容接入及软件版本的升级施工。

(2)影响业务使用的GSM-R系统基站设备扩容施工和系统软件升级施工。

(3)影响行车业务的接入层传输设备扩容接入及软件版本的升级。

(4)影响业务使用的数字调度分系统设备施工和系统软件升级。

(5)在铁路线安全保护区(道床坡脚)内架设、铺设电缆管道、通信光缆、电缆、漏缆(杆路)、综合视频通信设施的作业。

(6)承载行车业务的光电缆的施工。

(7)除Ⅲ级重点(影响行车)施工项目以外的其他各类影响行车业

务的通信施工。

4. Ⅲ级一般施工（不影响行车）

（1）不影响行车业务的传输设备割接、扩容接入及软件版本升级施工。

（2）不影响行车业务的数字调度主系统、分系统设备扩容施工。

（3）不影响行车业务通信三类机房电源设备施工。

（4）不影响行车业务的 GSM-R 系统 MSC、BSC、GGSN、SGSN 设备主备板件倒换试验。

（5）不影响行车业务的 GSM-R 系统基站设备扩容施工。

（6）新设基站、直放站、中继站通信设施施工。

（7）不影响行车业务的数据网单套接入及汇聚设备升级重启施工。

（8）除Ⅲ级重点施工项目以外的其他各类不影响行车业务的施工。

### 四、天窗维修等级分为二级（Ⅰ、Ⅱ级）

高速铁路和普速铁路按照作业复杂程度和设备影响范围，天窗维修项目分为Ⅰ级维修和Ⅱ级维修。

### 五、天窗修项目审定

电务类施工、维修项目的等级，施工项目由施工单位在提报施工方案（计划）时初步确定，电务部项目主管科室在审核施工方案（计划）时审定；天窗维修项目由车间在提报维修计划时初步确定，电务、通信段主管部门组织审定。

## 第六节　施工、维修计划的编制与下达

根据通信信号设备维修、施工作业量大小，合理核定作业时间和天窗次数，均衡安排各区间、站（场）通信信号设备的维修和施工作业。

LKJ 数据换装作业计划，由电务段根据铁路局换装电报要求，在施工方案中明确。

机车、动车组车载设备更新改造施工计划纳入施工方案中明确，由机务段、动车段根据机车、动车组运用和维修情况，一并纳入扣车计划

执行,不再纳入营业线施工、维修计划的编制与下达范围。

## 一、月度施工计划的编制、申报、下达

段组织相关科室(部门)召开月度施工方案会,明确施工项目和施工具体内容,明确施工负责人,制定安全措施,统一安排,指定专人负责编制次月施工计划。

段于每月16日前通过"施工信息管理系统"向电务部提报次月施工计划(含跨局通信网),电务部对段提报的月度计划进行审核并通过后,于每月18日18:00前通过"施工信息管理系统"向运输部提报施工申请计划。申请计划经运输部审核通过并经主管运输副总经理批准后以文件下发到各段执行。

## 二、不影响行车业务的通信专业施工计划编制、申报、下达

段组织相关科室(部门)召开月度施工方案会,明确施工项目和施工具体内容,明确施工负责人,制定安全措施(含倒代措施),统一安排,指定专人负责编制次月施工计划。

段于每月16日前通过电务调度指挥系统的"施工信息管理系统"向电务部提报次月施工计划,电务部调度对段提报的月度计划进行审核并通过后,于每月20日18:00前通过该"施工信息管理系统"下发到各段执行。

## 三、施工日计划的编制、下达

各段必须在施工前3日将日计划报集团电务调度室,电务调度审核后,于施工前2日09:00前向调度所施工调度室提报日计划,施工调度室审核批准后于施工前1日12:00前下达。涉及同一局干网络及以上的施工,集团电务调度原则上只批准一处施工日计划。

## 四、不影响行车业务的通信专业施工日计划的编制、下达

段必须在施工前3日通过电务调度指挥系统的"施工信息管理系统"将日计划报集团电务调度室,电务调度审核后于施工作业前1日12:00前下达至各段执行。涉及同一局干网络及以上的施工,集团电务

调度原则上只批准一处施工日计划。

## 五、高速铁路维修日计划的编制、下达

各段必须在维修作业前3日将日计划报集团电务调度室，电务调度审核后，于维修作业前2日09:00前向调度所施工调度室提报日计划，施工调度室审核批准后于维修作业前1日12:00前下达。涉及同一局干网络及以上的维修，集团电务调度原则上只批准一处维修日计划。

## 六、施工计划编制、下达的规定和要求

1. 在提报月度施工计划的同时，应将施工方案及有关配合施工方案一同提报到电务部进行审核，施工方案未审核或审核未通过均不得纳入月度施工计划。

2. 未纳入月度施工计划的施工项目原则上不准进行施工。特殊情况必须施工时，由施工单位于每周一18:00前提出次周施工申请，并签订安全协议，制定安全措施，通过电务部审查（建设项目施工计划应先报项目管理机构预审）后，由铁路局电务部分别于每周二18:00前汇总，并逐一说明补报计划的原因，由主任（副主任）签字同意（盖章），经运输部副主任（或施工办副主任）签字，报铁路局分管运输副总经理（总调度长）批准后，按月度施工计划提报要求通过“施工管理信息系统”提报、审批施工补充计划。

需增加Ⅰ、Ⅱ级施工或对运输影响较大的施工时，电务部应组织施工单位提报专题施工申请，经铁路局专题会议协调审定，运输部（施工办）形成专项施工批复电报，经铁路局相关业务部门会签，报主管运输副总经理批准后实施。

需增加国铁集团管理施工项目时，铁路局原则上于每月13日前向国铁集团提出次月施工申请电报（因特殊情况不能满足上述提报时间要求时，涉及修改LKJ基础数据的、涉及快运货物班列提前开车和装卸车组织站变化的须提前20天，涉及旅客列车提前开车和停站变化的须提前40天），施工单位须在上述时间基础上再提前10天向铁路局提出施工申请并办理好相关手续，经国铁集团批准后方可安

排施工。

3. 月度施工计划原则上不准变更。特殊情况必须进行调整时，各段须提前5天向铁路局电务部和运输部(施工办)提出书面申请，由运输部(施工办)调整施工计划。涉及LKJ基础数据变化的施工日期不得提前。纳入月度施工计划的施工项目原则上不准停止施工，因专特运及调整车流等原因需停止施工时，须经分管运输副总经理(总调度长)批准并于前日14:00前以调度命令通知有关单位。

4. 日计划内容要明确作业项目、日期、线别、区间、内容、条件(影响范围、时间)、施工负责人及需要说明的事项。电务、通信段每日16:00前须将调度所施工台批准的次日施工计划通知车间、班组。

5. 段必须周密、科学安排月度天窗修作业计划，在提报的天窗修计划中，必须明确施工或维修工作量，精心组织施工，保质保量完成作业计划。天窗修作业计划公布后，在实施中不得随意变动，确实需要变动，须加强与各有关单位间的协调配合。

6. 涉及骨干传输网、骨干数据网、GSM-R核心网等网络设备停机要点施工，各段每月3日前编制下月施工要点计划(含施工方案)，经电务部审批后每月6日完成审批，并通过通信中心运维管理系统向北京通信中心提报次月通信网停机计划申请，每月25日前将铁路局下达的次月(全部)通信月度施工计划(电子版)抄报通信中心调度备案。

7. 不影响行车通信业务和不属于邻近营业线的施工项目，由各段组织实施完成，影响其他非行车通信业务时提前发电报告知相关单位。涉及行车业务冗余保护设备的施工，各段应派盯控组成员到调度台负责盯控。

8. 机车、动车组车载设备维修结合机车、动车组的计划修理周期进行，纳入年月表管理，不再另行制定维修计划，维修项目按相关检修规程执行。

## 七、维修计划的编制与下达

段应加强维修计划的编制和审核，严格按照《广铁集团铁路营业线施工安全管理实施细则》有关规定执行。

## 第七节　电务集中修组织实施

电务集中修是集中调配人员、材料，集中利用垂直天窗时间，集中完成一条线的信号设备的重点整治工作，有利于提高施工效率和质量，有利于减少施工对运输的整体影响。

1. 铁路局电务部负责协调相关部门落实集中修总体施工方案和计划，检查、督促、指导电务段开展集中修工作。

2. 电务段加强组织领导。各段负责人要亲自组织、布置集中修的全面工作；主管领导全面负责，制定整治方案，落实人员和材料准备，重点盯控；包保领导和包保干部参加现场整治，做好质量任务把关和安全盯控工作。

3. 电务段成立专业整治队伍。各电务段以车间为主体，统筹安排，调集设备整治经验丰富、业务能力强的人员组成集中整治队。集中修由车间组织实施，电务段安排专业技术人员参加。

4. 电务段做好设备整治前调查工作，合理制定整治项目；根据整治方案，及时备好所需材料；做好预想，随时应对整治过程中新发现的设备缺陷。

5. 电务段做好集中整治计划的编制、审核、提报和组织实施工作，严格按审批通过的计划提报及实施。

6. 电务段加强检查盯控，做好安全防范工作。段领导和各级干部要加强对设备整治工作的盯控、检查、指导，每个整治小组必须有段领导或专业干部负责把关盯控，协调解决有关问题。段要根据整治内容制定细化技术及作业安全措施，严格执行天窗修制度，认真落实各项安全措施，把好设备开通试验和场地清理的列车放行关，确保行车和人身安全。

## 第八节　跨局通信施工

1. 中断跨局行车通信业务及需要其他局配合的跨局通信施工，施工总体方案由铁路局电务部通信科负责组织编制、审核。

跨局通信施工方案制定程序：电务部通信科以书面形式向受施工影响的局电务部函告施工方案，需其他局铁路局配合施工时，电务部通信科还须向施工配合铁路局电务部函告施工方案以及需要配合的施工项目、时间等内容。

受施工影响时，电务部通信科在收到施工通知函后5天内会同相关部门，对铁路局管内施工受影响范围、时间及施工影响区段运输调整方案(或行车通信方式调整方案)等事项进行书面回函确认并附管内功能验证方案。

需铁路局施工配合时，电务部通信科在收到施工通知函后5天内，对施工配合项目、时间进行书面回函确认并附管内配合施工方案。

2. 跨局通信施工的等级，由铁路局电务部通信科按照施工等级划分规定分别审定。

3. 中断跨局行车通信业务施工的施工计划(包括施工配合局和受施工影响局相关内容)，由铁路局电务部通信科组织编制、审核，报运输部，经铁路局分管通信、运输副总经理签认同意，报国铁集团调度部审批。施工日计划应经电务部电务调度与施工配合局、受施工影响局通信部门相互联系、确认后，根据施工计划分别向本局调度所申请。

配合外局中断跨局行车通信业务施工的施工计划，由施工申请铁路局编制，电务部通信科组织编制配合计划、运输部确认，经铁路局分管通信、运输副总经理签认同意，交施工局报国铁集团调度部审批。施工日计划应经电务部调度与施工申请局、受施工影响局通信部门相互联系、确认后，根据施工计划向铁路局调度所申请。

受外局施工影响中断跨局行车通信业务施工的施工计划，由施工申请局编制，电务部通信科、运输部确认，经铁路局分管通信、运输副总经理签认同意，交施工局报国铁集团调度部审批。施工日计划应经铁路局电务部电务调度与施工申请局、施工配合局通信部门相互联系、确认后，根据施工计划向铁路局调度所申请。

4. 中断跨局行车通信业务的施工，施工申请局、施工配合局、受施工影响局通信段应同时在本局进行施工登销记。

5. 施工开始、结束、延点、停止施工等情况，由施工申请局通信段与相关局通信部门联系、协调后按规定办理。

## 第九节　邻近营业线施工

1. 邻近营业线施工分为A、B、C三类。

普速铁路：电气化铁路接触网支柱外侧2 m（接触网支柱外侧附加悬挂外2 m，有下锚拉线地段时在下锚拉线外2 m）、非电气化铁路信号机立柱外侧1 m范围称为营业线设备安全限界。

高速铁路：路基地段线路防护栅栏外侧（桥梁地段为桥面最外侧）2 m为营业线设备安全限界，当接触网支柱在线路防护栅栏外侧（桥梁地段为桥面最外侧）时接触网支柱外侧2 m（接触网支柱外侧附加悬挂外2 m，有下锚拉线地段时在下锚拉线外2 m）为营业线设备安全限界。

(1)邻近铁路营业线进行以下影响营业线设备稳定、使用和行车安全的工程施工，列为A类施工，必须纳入铁路局月度施工计划。

①吊装作业时侵入营业线设备安全限界的施工。

②架设或拆除各类铁塔、支柱及接触网杆等在作业过程中侵入营业线设备安全限界的施工。

③开挖路基、路基注浆、基桩施工等影响路基稳定的施工。

④需要对邻近的营业线进行限速的施工。

(2)邻近营业线进行以下可能因翻塌、坠落等意外而危及营业线行车安全的工程施工，列为B类施工。B类施工应设置防护设施，防护方案应根据其可能影响的设备，电务类施工项目报电务部主管科室审批后，才能准许其施工；确不能设置防护设施时纳入铁路局月度施工计划。影响营业线设备稳定、使用和行车安全的防护设施设置必须纳入铁路局月度施工计划。

①使用高度或作业半径大于吊车至营业线设备安全限界之间距离的吊车吊装作业。

②影响铁路通信杆塔、通信基站、信号中继站、箱式机房及供电铁塔、支柱等基础稳定的各类施工。

③邻近营业线进行现浇梁、钢板桩、钢管桩、搭设脚手架、膺架等施工的设备和材料翻落后侵入营业线设备安全限界的施工。

④营业线路堑地段有可能发生物体坠落，翻落侵入营业线设备安全限界的施工。

⑤正线和与正线相邻的设备地面硬化。

(3)邻近营业线进行以下可能影响铁路路基稳定、行车设备使用安全的施工，列为C类施工。

①铲车、挖掘机、推土机等施工机械作业。

②开挖基坑、降水和挖孔桩施工。

③邻近供电、通信、信号电(光)缆沟槽及供电支柱、通信信号杆塔(箱盒、通话柱)10 m范围内的挖沟、取土、路基碾压等施工。

④绑扎钢筋、安装拆除模板等未侵入营业线设备安全限界的施工。

⑤路基填筑或弃土等施工。

⑥站线的设备地面硬化。

⑦作业区域不侵限的箱盒设备安装。

(4)其他影响或可能影响营业线设备稳定、使用和行车安全的邻近营业线施工，电务类施工项目由电务部主管科室按上述原则界定类别。

2. 邻近营业线A类及B类纳入铁路局月度施工计划的施工按营业线施工有关规定执行。邻近营业线B类不纳入铁路局月度施工计划的施工以及C类施工由铁路局编制邻近营业线施工安全监督计划，电务系统编制程序如下：

施工单位应于每月15日前，提交次月本单位邻近营业线施工安全监督计划，经相关设备管理单位审核同意并会签后，与经设备管理单位审核同意并会签后的邻近营业线施工方案一并上报铁路局电务部(其中建设项目应先报项目管理机构预审)，电务部牵头组织审查、批准并汇总后，于18日前报铁路局运输部(施工办)，运输部(施工办)将各部门提报的邻近营业线施工安全监督计划汇总后作为附件纳入月度施工计划文件一并公布。邻近营业线施工安全监督计划中每条计划原则上按照一站(区间)设备管辖范围提报。

因特殊情况需补充安排邻近营业线施工安全监督计划时，按规定流程完成提报、审核工作后，由施工单位提交书面申请(详细说明原因，加盖单位公章)，经铁路局电务部在书面申请单上签署意见(并加盖处室公章)，报铁路局运输部(施工办)以专题电报公布。

3. 邻近营业线的各类施工均应设置现场防护员，其中纳入“邻近营业线施工安全监督计划”的项目施工时，施工单位应同时设置驻站联络员，设备管理单位驻站联络员的设置要求执行电务系统有关联络防护相关管理文件的规定和要求。

## 第十节　电务系统施工及维修作业的组织实施细则

### 一、施工组织的有关规定

1. 电务专业为施工主体的Ⅰ级施工：由电务施工主体单位组织实施，段长担任施工负责人，电务部负责人参加。

2. 电务专业为施工主体的Ⅱ级施工：由电务施工主体单位组织实施，段分管领导担任施工负责人，电务部主管领导参加。

3. Ⅲ级重点施工：由段组织实施，段领导担任施工负责人，电务部有重点的参加。

4. Ⅲ级一般施工：由车间组织实施，车间主任(副主任)担任施工负责人，电务段、通信段有重点的参加。信号专业高速(普速)Ⅲ级一般施工项目中的1～4项须段技术科派员参加，通信专业高速(普速)Ⅲ级一般施工(影响行车)须段技术科派员参加。

5. 连续施工项目，段应制定总体施工组织方案，主管领导及以上人员批准，方案应明确每次(或每步)施工的施工等级，段按照相应施工等级组织施工；同类软件的更换施工、同类道岔大修施工，段应制定总体施工组织方案，主管领导及以上人员批准，第一次施工主管领导参加，后续施工可指派段技术科人员参加，段领导有重点参加。上述项目的具体组织实施由段细化明确。

6. LKJ数据换装施工方案应根据铁路局换装电报要求，由电务段与对口机务段、动车段协商后制定。涉及上线卡控换装的，在未换装机车担当列车到达指定换装车站时，由电务段会同对口机务段卡控人员上车实施换装和卡控工作。

7. 机车、动车组车载设备更新改造施工，车间主任(副主任)担任施工负责人，数量较多的批量施工时，首台(组)试装车时，技术科主管人员、车间主任(副主任)参加，及时处理和协调试装中出现的问题，其后可由施工负责人指定车间干部担当安装的组织和实施工作，技术科主管人员有重点的参加。

机车、动车组车载设备更新改造方案影响机车运用的，须会同机务段、动车段相关科室共同制定。

8. Ⅰ级维修负责人由车间主任(副主任)担当(Ⅰ级维修较多时，车间主任可委托车间干部担当)，Ⅱ级维修负责人由工(班)长担当。

电务段、通信段须派人参加机务段、动车段有关机车、动车组修程会议，掌握机车、动车组修程动态，及时同步完成维修作业。

机车、动车组车载设备维修作业按作业人员自检自验、工长复验，作业人员参加铁路局驻段验收室组织的机车、动车组的整车验收工作。车间干部应在整车验收工作前完成设备维修抽检工作。技术科主管人员有重点的抽验。

9. 各项施工作业应纳入月度施工计划和月度运输方案，在施工天窗内进行，如遇特殊情况，施工项目需纳入维修天窗进行，必须由电务段主管副段长批准，电务段须按相应等级要求编制、审批施工方案，按施工管理的相应流程组织实施，按上述等级确定施工组织和参加领导，按施工作业安全控制措施进行盯控，段调度指挥中心必须按施工作业进行揭示和盯控。

## 二、配合施工组织的有关规定

1. 配合施工项目

涉及站场改造、联锁变更、系统升级改造、电务设备割接等配合施工，电务(通信)段应按照以施工主体单位的要求及相应的施工等级编制施工方案，并组织实施。

(1) Ⅰ、Ⅱ级施工的配合施工。

(2) Ⅲ级施工的配合施工(分为A、B类项目)。

A类项目：

①不涉及站场改造、联锁变更、系统升级改造、电务设备割接的车

站信联闭停用、TDCS/CTC 系统停用、集团管外施工单位实施施工（以电务专业为施工主体单位的施工）等电务配合作业。

②配合大机更换长轨（不含半自动闭塞区段区间）、大机清筛、大列换枕、大机道岔脱杆捣固、大机道岔清筛等电务配合作业。

③道岔大修、驼峰道岔大修、驼峰缓行器大修等电务配合作业。

④配合驼峰线路平、纵断面的调整施工。

⑤配合更换驼峰缓行器基本轨，缓行器基础大修整治。

⑥其他等需纳入 A 类项目的配合施工。

B 类项目：

①普速铁路配合更换道岔尖轨、基本轨、心轨。

②配合换轨。

③半自动闭塞区段区间配合大机更换长轨。

④配合施工引起的钢轨打眼（指线上钢轨打眼、作业区域侵限的备用钢轨打眼）作业。

⑤配合顶涵（指有通信、信号设备的封锁扣轨、拆架梁、光电缆迁移等）施工作业。

⑥在光电缆径路上进行动土的施工。

⑦配合大机线路捣固、道岔非脱杆捣固。

⑧配合更换回流吸上线施工。

⑨不涉及既有设备的电务新设备安装、电缆敷设的配合施工。

⑩其他等需纳入 B 类项目的配合施工。

2. 配合施工方案编制格式

提报的施工方案应包括：施工项目及负责人、作业内容、地点和时间、影响范围、设备变化、施工方式及流程、施工配合单位（注明施工主体项目所属专业的配合单位及其他专业配合单位）、施工过渡方案、施工组织、人身安全、行车安全、施工安全和质量的保障措施、施工防护办法、列车运行条件、工期、质量检查、验收安排、施工应急处置预案等基本内容。配合施工方案编制实行模块化，其格式及主要内容如下（较简单的配合施工电务段根据实际情况编制和优化）：

(1)工程概况：编制依据、施工内容、主要工程数量。

(2)配合组织机构：施工单位、施工负责人，配合单位、配合施工负责人,施工人员及分工。

(3)配合施工组织:施工等级、施工类别、施工作业内容、配合内容、地点和时间、影响范围、施工方式及流程、工期、施工条件、设备变化情况、列车运行条件、施工防护办法。

(4)联锁试验方案:人员、分工及职责,联锁试验范围、项目、内容,联锁试验步骤,联锁试验审批表(主管工师、联锁主任、主管领导签字),经审核的相关联锁试验表格(可单独作为附件)。

(5)施工过渡方案:过渡施工作业内容、时间、地点,施工过渡条件;施工过渡联锁试验方案;施工过渡期间应具备的条件和设备状态。有符合相应资质的施工过渡设计图及相关资料。

(6)施工作业安排:施工作业组负责人及成员,施工(作业)内容及施工配合作业内容,施工注意事项。

(7)人身安全、行车安全、施工安全和质量的保障措施。

(8)安全风险关键点及控制措施:根据具体施工作业内容,按照风险控制措施的要求制定。

(9)质量检查和验收安排:人员组织,质量检查和验收流程、标准、方法和工器具。

(10)施工应急处置预案:应急机构、人员及职责,应急响应措施(包括应急工具、材料、交通等)。

3. 配合施工方案的编制和审批

(1)配合集团Ⅱ级及以上施工项目。

①配合电务专业为施工主体的集团Ⅱ级及以上施工和配合非电务专业为施工主体的集团Ⅱ级及以上的线路拨接、站场改造、新线引入等与电务设备关联较大的施工,由主管领导组织技术科、安调科及有关科室人员编制施工方案,段长组织上述人员召开施工方案会审定并签字加盖公章,报电务部审批。

②配合非电务专业为施工主体的集团Ⅱ级及以上的换梁、上跨铁路结构物等施工,由车间编制配合施工总体方案,车间主任或副主任审定签字报段批准,车间根据每天的实施情况制订施工作业单。

(2)Ⅲ级施工的配合施工A类项目,由车间编制配合施工总体方案,主管科室审核,分管副段长组织审定并签字加盖公章,车间根据每天的实施情况制订施工作业单。

(3)Ⅲ级施工的配合施工B类项目,车间掌握、审核配合施工计划,工区制定配合施工作业单。

4. 配合施工负责人的资格规定

(1)Ⅰ级施工的配合施工负责人:由配合单位负责人(或分管副职)担当。

(2)Ⅱ级施工的配合施工负责人:

①配合电务专业为施工主体的集团Ⅱ级及以上施工和配合非电务专业为施工主体的集团Ⅱ级及以上的线路拨接、站场改造、新线引入等与电务设备关联较大的施工,由分管副职担当。

②配合非电务专业为施工主体的集团Ⅱ级及以上的换梁、上跨铁路结构物等施工,由车间副主任及以上人员担当。

(3)Ⅲ级施工的配合施工负责人:

①Ⅲ级施工的配合施工A类项目施工负责人:施工主体项目专业配合单位由车间主任(或副主任)担当,段技术干部参加;其他专业由配合单位车间技术干部及以上人员担当,段技术干部有重点的参加。作为主体专业配合项目时,段领导有重点的参加,连续施工项目首次参加。

②Ⅲ级施工的配合施工B类项目施工负责人:由配合单位指定胜任人员担当,车间主任(或副主任)有重点的参加。

5. 具体要求

(1)各单位应加强配合施工电报的管理,配合施工电报必须经主管段长审批。

(2)各单位每月月末对次月的配合施工计划进行梳理,主管副段长组织技术科、安全科研究制定配合施工盯控计划,按车间分类,确定施工等级,合理安排段级现场盯控人员,明确重点注意事项,细化安全措施。

(3)各单位严格按要求确定配合施工等级,不得随意降低;配合施工盯控计划下发至相关车间。

(4)加强施工的过程控制,有动力的配合施工段必须派员参加。

(5)驼峰缓行器基础大修整治的基础预制养护阶段可不派员参加,

应按照邻近营业线施工安全管理相关要求进行监督检查。

(6)纳入工务集中修作业的项目由车间编制总体配合方案,主管科室审核,分管副段长组织审定并签字加盖公章,其中道岔大修根据等级单独制定方案。

(7)配合顶涵施工涉及到电缆切割的处所根据等级单独制定切割方案。

(8)施工主体项目为电务专业的邻近营业线配合施工由各单位主管领导每月组织安调科、技术科针对邻近营业线施工项目、内容编制配合施工方案,对施工等级界定、施工机械、安全防护措施及特殊地段、特殊作业方式、作业里程、施工内容进行明确。对重点项目指派段技术干部监督检查。

(9)施工主体项目为非电务专业的邻近营业线配合施工每月由车间编制安全监控方案。

(10)严格按照《广铁集团铁路营业线施工安全管理实施细则》要求,加强对邻近营业线施工监管和现场盯控检查,防止施工损坏营业线行车设备,确保施工、行车及人身安全。

### 三、施工负责人的主要职责

1. 负责施工现场的组织指挥工作。检查施工和开通前的各项准备工作,指挥现场施工,安排施工防护,确认放行列车条件等。

2. 负责协调解决施工中发生的问题,协调各单位施工作业,掌握施工进度,反馈现场信息,及时向施工协调小组汇报施工情况。

3. 负责总结分析施工组织、进度和安全等情况,对施工现场的安全负责。

## 第十一节　安全控制措施

### 一、天窗修作业管理及安全卡控措施

实施天窗修,必须以规章制度为依据,抓好天窗修现场作业全过程的管理,严格执行安全控制措施。

1. 认真执行铁路信号维护规则要求的“三不动”“三不离”“三预想”“三级施工安全措施”“七严禁”、广铁集团电务安全“十项卡死制度”的规定。

2. 严格执行“三级施工负责制”以及联系、登记、要点、签认、挂牌（或在计算机上采取封闭方式）等制度，不得盲目乱干。

3. 严格按《普速铁路信号维护规则》“技术作业安全”中的安全制度和作业纪律规定执行。

4. 作业前，对影响其他单位设备安全的作业项目，必须与有关单位联系协商，并取得其配合。

5. 作业中，要严格执行作业纪律、作业程序和技术标准，严禁超范围作业。

6. 严禁代替车务行车人员办理转换道岔、检查进路、办理闭塞和开放信号作业。

7. 天窗作业完后，要对所检修、施工过的设备进行全面认真复查，与联锁有关的施工必须按有关规定和要求做好联锁试验，要严格把好联锁试验关，确保联锁关系正确，试验良好才能交付使用。

8. 涉及联锁的各种施工应认真审核设计图纸。拆配线施工要严格按设计图纸作业，并采取校核制度、复核措施，两人以上共同确认。严禁施工计划外拆、配与既有联锁有关联的连线，严禁使用夹子线封连条件进行信号联锁过渡。

9. 各段在实施天窗维修、施工作业时，电务联络员应在天窗封锁前60 min（高铁）或40 min（普铁）在运统-46上按规定进行登记，内容包括：施工时间、地点、项目、设备名称、施工负责人、影响范围等。

10. 各段应加强天窗修作业前、中、后的联系和防护工作，对于维修、施工作业，要制定切实可行的安全措施。作业车在站内作业时，信号设备维修作业不能与作业车运行和作业范围冲突；有作业车开进区间时，信号工必须在作业车开出后，并得到车站值班员的签认同意后，方可在站内作业；区间有作业车，信号工需在同一区间维修作业时，必须确认作业车已到达作业地点，并得到车站值班员的签认同意后，方可作业，同时严格按有关规定设置防护。信号施工前、中、后的设备，器材，工具等不得堆放在钢轨或道心上，并保证不侵限。

11. 各段与其他单位综合利用天窗时，必须制定安全控制措施，明确与其他单位的联系、协调办法，防止相互干扰和联系脱节。由运输部门指定施工主体单位，明确施工负责人。施工主体单位负责组织、协调天窗修工作，掌握作业进度，明确各单位间联系及防护办法。实施过程中，必须严格按照《铁路技术管理规程》《普速铁路行车组织规则》《高速铁路行车组织细则》的规定办理登记手续，经批准后方可作业；如在同一区段信号维修、施工作业与其他单位的作业互有影响时，必须服从施工主体单位负责人的协调组织，按时完成作业任务，确保达到规定的列车放行条件。作业完毕后，及时办理销记手续。

12. 设备停用后才能进行检修作业，发现危及行车安全的设备隐患时，必须先登记停用，取得列车调度员同意并下发调度命令后，方准进行处理。

13. 天窗上道作业必须坚持双人双岗、同出同归、呼唤应答、邻线来车及时按规定距离下道，站在安全地点避车等劳动安全卡控措施。

14. 施工及配合单位应切实加强施工作业前、中、后的联系，加强施工现场监控；高速铁路上道前，施工负责人应组织清点作业人员、作业机具及材料数量；施工结束后，施工负责人必须核对作业人员、作业机具及材料数量，确认无误后方可撤离，并建立专门的登记本进行记录。

15. 在施工过程中，当出现应急通信网、电视电话会议网、客票系统、红外线轴温系统、数字调度系统、TMIS、TDCS、CTC 等全程全网系统故障时，应暂停一切施工。待查明故障原因，故障消除 24 h，设备稳定正常后，才允许继续施工。

## 二、天窗点外作业管理及安全卡控措施

天窗点外作业范围：下列维修作业可在天窗点外进行，但严禁利用速度 160 km/h 及以上的列车与前一趟列车之间的间隔时间作业。其他维修项目必须纳入天窗，严禁利用列车间隔时间作业。

信号部门：光电缆径路检查、室内外设备巡视检查及道岔转换试验等不影响电务设备机械强度、电气特性的作业。

通信部门：在道床坡脚以外进行不影响行车通信业务正常使用的

通信设备、线路及附属设施的日常维修、业务办理和保护试验等作业。

## （一）信号天窗点外作业项目

1. 高速铁路

（1）信号集中监测、各维护终端、网管终端的浏览、分析。信号集中监测测试对地绝缘，应安排在天窗时段进行。上述项目不需编制点外作业计划单。

（2）车站信号机械室及栏栅外中继站不影响信号设备正常使用的室内设备的巡视、外观检查。

（3）栏栅外不影响信号设备正常使用的施工准备。

（4）栏栅外不影响信号设备正常使用的设备整修、整治工作，如消防设备检查（不含试验），空调设备检修等。

（5）高铁栅栏内无天窗点外作业项目。

2. 普速铁路

（1）不影响信号设备正常使用的巡视、测试（钢轨绝缘电阻测试除外），道岔转换试验、清扫、涂油工作，驼峰减速器、停车器螺栓紧固（不影响使用）。

大站和枢纽站场协议修区的道岔安装装置油饰作业可安排在天窗点外，但须做好安全防护。

（2）不影响营业线设备稳定、使用和行车安全的设备基础面硬化、电缆径路的检查整治及电缆标桩的埋设、稳固作业。

（3）各类电务施工（配合施工）、中修、重点工作涉及的不影响设备正常使用的准备工作。

（4）信号集中监测浏览、分析，机械室内设备巡视。信号集中监测测试对地绝缘，尽量安排在天窗时段进行。上述项目不须编制点外作业计划单。

（5）慢行限速施工地段（雨后对防洪重点地段、水害地段设备）现场检查或依据工务部门《工电配合施工签认单》进行不影响设备使用的配合和作业盯控。

（6）专、特运前电务设备现场检查、测试作业（钢轨绝缘电阻测试除外）。

(7)有计划的不影响信号设备正常使用的电缆及轨旁设备的施工和整治作业应纳入邻近营业线施工管理。

### (二)通信(高速、普速)天窗点外作业项目

在道床坡脚以外进行不影响行车通信业务正常使用的通信设备、线路及附属设施的日常维修、业务办理和保护试验等作业。

1. 在道床坡脚以外进行不影响行车通信业务正常使用的通信设备、线路及附属设施的日常维修、业务办理和保护试验等作业。

2. 室内不影响行车通信业务的设备巡视、检查。本项目不须编制点外作业计划单。

3. 在天窗点外可以完成的其他作业项目。

4. 天窗点外作业前现场作业人员必须确认检修设备正常,并且与传输室(网管)确认保护电路或者备用保护环正常,否则不得开始检修作业。

### (三)电务系统天窗点外作业控制措施

1. 天窗点外严禁进行天窗点内维修项目。

2. 天窗点外作业时间应尽可能安排在天窗时段,严禁利用速度160 km/h及其以上的列车与前一趟列车之间的间隔时间作业。

3. 天窗点外作业管理。一是天窗点外作业计划必须由车间审核后报段调度指挥中心,由主管生产或安全副段长审批;调度指挥中心和车间应掌握管内的天窗作业情况,研判点外作业风险并监督检查;天窗点外作业必须由工长或车间干部现场盯控;二是各段必须结合实际情况,严格控制点外作业内容、时段、频次。天窗点外作业项目尽可能安排在天窗点内,凡有天窗作业时间不申请或不利用,而申请天窗点外作业的不得批准,否则追究审批者的责任;三是天窗点前、点后的准备工作和收尾工作纳入点外控制范围。

4. 各段应根据审批的年月表生产任务安排,督促班组编制月度天窗需求计划上报电务段审核执行。

5. 天窗点外作业时,驻站联络员凭批准的作业计划在《行车设备检查登记簿》内登记,经车站值班员同意、签认后进行作业。有关登销记

工作按照铁路局有关管理办法严格执行。

6. 各段应按干线、支线、枢纽站(含驼峰场)、区段站、中间站制定天窗点外作业频次规定并严格控制。

7. 以下天窗点外作业，不纳入天窗点外作业频次统计，由段调度指挥中心或车间负责监控。

(1)配合施工单位天窗点外上道作业(按照临近营业线施工计划执行，由段调度指挥中心负责监控)。

(2)应急处置(含发现或接到异常情况信息)申请天窗点外上道作业(由段调度指挥中心负责监控)。

(3)上级部门天窗点外上道检查设备(由段调度指挥中心负责监控)。

(4)重点运输任务天窗点外上道检查(按照重点任务有关要求执行，由段调度指挥中心负责监控)。

(5)工电配合申请天窗点外上道作业及工电联合检查(按照工电配合作业单要求执行，由车间负责监控)。

(6)施工、工电联合整治道岔后的过车复查工作(由调度指挥中心负责监控)。

(7)区间电(光)缆径路巡视检查(由车间负责监控)。

(8)机械室室内设备巡视检查(由车间负责监控)。

(9)路基上电(光)缆沟开挖、敷设电缆、修补地面工作台、埋设电缆标及电缆径路探测等不影响设备使用的工作(由车间负责监控)。

(10)春运或节假日等长期停工时点外上道设备巡视工作(由车间负责监控)。

(11)地线测试、检查、整治(由车间负责监控)。

8. 天窗点外作业安全联络防护，执行电务系统劳动安全管理有关规定。

## 三、夜间作业安全措施

1. 进行夜间作业前，必须提前做好布置，保证作业人员充分休息、精力充沛，现场照明充足有效的前提下，方可进行夜间作业。

2. 夜间作业必须落实夜间安全防护的相关要求，按规定设置防护信号。

3. 作业过程中，所用材料应有计划地送达现场，存放位置应不影响施工作业和人员通行，材料工具摆放规范、稳妥、不侵限。作业后安排专人清点施工所用机具、材料，防止丢失，并安排专人看守，及时回收旧料。

4. 作业前，应检查照明设备性能是否安全可靠，电源是否充足；作业时，要保证整个作业区段的可视程度和每个作业组在关键处所的照明强度；照明设备不良或配备不足时，严禁进行作业。参与作业人员必须穿反光服，上下工走路肩，做到同出同归。

## 四、LKJ 数据上线换装作业要求

1. 换装人员须有列车运行监控装置专业培训上岗证。换装作业须双人同时进行，换装作业小组应由机务段 1 人、电务段 2 人组成换装作业小组。在车站换装时，车站值班员配合工作。

2. 上线换装作业应实行三班制，换装作业人员应于换装前 3 h 到达指定换装地点。熟悉现场情况，制订好安全防护措施和换装准备工作，并向现场指挥和电务、机务段报告。

3. 站内换装车站值班员将需要更换芯片的列车停靠在站台的股道，通知电务换装作业人员。

4. 换装人员对照芯片更换计划，先核对局别、段别，按照作业程序更换芯片、测试；一人作业，一人核对、记录。完毕后，在显示器明显位置贴上更换版本号和更换日期的标识，与机务人员办理签认手续(外局乘务员值乘的除外，具体由电务、机务段换装方案定)。

5. 电务段应安排数据换装后首趟列车的添乘，检查换装工作质量，对数据的准确性进行复核，并将结果及时反馈给 LKJ 专业机构。

## 五、LKJ 数据上线换装有关安全措施

1. 凡遇有大雾、大雨(雪)、雷电密集、扬沙及六级以上大风等恶劣天气时，原则上不得进行换装作业。特殊情况必须作业时，有关领导必须到场把关。

2. 测试机车外部的电务设备时，应挂红色信号旗或用红灯防护，并

在操纵手柄上悬挂红色“禁止操纵牌”。

3. 当列车到达时，先按照安全防护预案做好安全防护工作，两人上车作业。

### 六、严格规范软件修改及联锁试验工作

1. 列控车载ATP主控软件版本、CTC系统功能升级软件版本变更须经国铁集团批准。

2. 各种软件和基础数据的修改必须由集成商针对修改原因、修改内容、影响范围和软件的版本号提出修改申请，认真填写《软件、硬件修改申请表》书面报电务段审核，电务段报电务部审批同意后方可要点进行修改。

3. 软件更换必须经过全面的功能验证和相关联锁试验，正确后方可交付使用。涉及备品模块软件升级的必须同步完成。

### 七、施工单位及电务(通信)段进行施工、维修作业

需接触网停电时，必须同时收到施工调度命令、接触网停电调度命令，并由供电人员进行验电确认接触网已停电后，方可进行施工及检修作业。

## 第十二节 营业线施工安全专项管理

1. 施工单位要严格执行铁路安全生产各项规章制度。对于施工前超范围准备、施工中挖断光电缆、爆破损坏行车设备、作业车辆溜逸、轨道车辆违章行驶、施工后线路未达到放行列车条件违章放行列车、开通后整修线路不及时、机械和料具侵限、使用封联线和违章使用手摇把等危及行车安全的问题，要制定管理制度，坚决杜绝此类问题发生。施工料具要集中管理，必要时派人看守。对影响行车的各个环节，必须加强管理，落实措施，严密防范，确保行车安全。

2. 参加营业线施工的劳务工必须由具有带班资格的正式职工(即带班人员)带领，不准劳务工单独上道作业。用工单位对劳务工要进行施工安全培训、法制教育和日常管理；要先培训，培训合格后

方可上岗。对营业线施工的轨道、桥隧、通信信号、接触网等技术复杂、可能危及行车安全的作业项目，严禁分包、转包。劳务工不能担任营业线施工的施工安全防护员和带班人员等工作，不准单独使用各类作业车辆。

3. 切实加强雨季施工安全工作。营业线施工要认真执行《铁路实施〈中华人民共和国防汛条例〉细则》及铁路局防洪有关规定，落实防洪措施。施工中必须保持营业线排水系统的畅通，对可能影响营业线路基、桥涵、隧道等设施设备稳定的任何作业，必须有足够可靠的安全防护措施，做到防患于未然。

建设单位要及时组织设计、施工、监理及设备管理等单位和部门，对施工地段联合进行汛前防洪检查，发现问题由设计、施工单位及时处理。

凡可能影响安全渡汛的施工地段，施工单位要认真接受防洪部门的防洪检查和指导，按要求认真落实责任，并制定防洪预案。

4. 加强高速铁路作业门管理。作业门包括防护栅栏门和桥梁救援疏散通道门，以关闭加锁为定位，其管理按国铁集团及铁路局的相关规定执行。

普速铁路和高速铁路并行时，普速铁路施工和维修作业必须与高速铁路做好物理隔离，进出作业门必须严格执行高速铁路登销记制度等相关规定。

故障应急处置或抢险救援需临时破拆栅栏时，破拆单位负责及时恢复栅栏并在恢复封闭前对栅栏缺口安排专人看守。

5. 加强施工和维修作业安全防护。施工和维修作业前必须按规定设置驻站(调度所)联络员、防护员，驻站(调度所)联络员或现场防护员不得临时调换。

封锁多站多区间的施工作业，施工及配合单位须在施工登记站和有配合作业的车站同时指派驻站联络员，施工单位并须在路用列车发出及返回站增设驻站联络员。

作业过程中，驻站(调度所)联络员与现场防护员必须保持通信畅通并定时联系，确认通信良好。一旦联控通信中断，施工负责人应立即命令所有作业人员下道。

作业开始前，联络员、现场防护员、施工负责人须对通信工具进行检查，确认通信工具状态良好、电池电量满足作业期间的通信需求，并相互进行通话试验，确保通信畅通。为满足通信工具发生故障时的应急处理需求，联络员、现场防护员、施工负责人应携带备用通信工具上岗。

联络员、现场防护员、施工负责人之间，执行实名确认呼唤应答制度，具体联控内容、联控时机、联控标准用语、联控间隔时间及其他相关规定，通信设备管理要求，由集团各专业主管部门另行发文规范和明确。

6. 驻站（调度所）联络员：

（1）施工单位（设备管理单位）应建立驻站（调度所）联络员（以下简称联络员）的管理制度，加强对联络员的日常管理。

（2）施工单位（设备管理单位）应派出经培训合格、具备任职资格的胜任人员担任驻站（调度所）联络工作，并持证挂牌上岗。

（3）联络员应携带施工（维修）日计划到指定的登销记场所办理施工（维修）登记手续，作业期间不得擅自离开工作岗位。

（4）联络员负责按规定办理施工（维修）登销记，联系和盯控各类工程机械车辆的开行等，并做好详细记录。

（5）联络员在班前必须同施工负责人、现场防护员核对钟表时分，施工时必须准确通报列车运行车次、预告时间、本站（邻站）开车时间、邻线列车运行及双线区段反方向列车运行等情况，相互复诵确认后，在登记簿上登记。

（6）联络员应保持与施工现场的通信畅通。施工时至少应每隔3～5 min与现场防护员通话一次，随时掌握施工进度及工程机械的作业情况；如因故晚点不能按时开通线路时，应提前向车站值班员陈述原因。

7. 防护员：

（1）施工单位（设备管理单位）应建立防护员的管理制度，加强对防护员的日常管理。

（2）防护员应在施工前与驻站（调度所）联络员取得联系，并相互核对当日施工项目、地点（里程、股道、道岔号、信号机号、供电柱号）等。

(3)防护员应及时并准确向施工负责人汇报驻站(调度所)联络员转达的有关列车运行情况、调度命令和上级指令,并用专用登记本做好记录。

(4)防护员应根据施工作业现场地形条件、列车运行特点、施工人员和机具布置等情况确定站位和移动路径,并做好自身防护。

(5)防护员担任防护工作时,不得兼做施工员和其他工作,必须掌握列车运行时分,及时准确发出来车、下道信号,监督施工人员及时下道。

(6)防护员当班时必须集中精力,认真瞭望,不得离岗和做与本职工作无关的事情。施工时至少应与驻站(调度所)联络员每隔 3～5 min 通话一次。

8. 施工期间需设置临时道口时,要依照国铁集团及铁路局的有关规定办理相关的行政审批手续。施工单位在临时道口设置期间要设人看守,并按规定日期拆除。施工单位在施工中必须保证道口(含临时道口)设备符合标准,并按铁路道口管理有关规定进行管理。

9. 遇下列情况之一不准施工:

(1)未成立施工协调小组。

(2)未召开施工预备会。

(3)施工负责人达不到规定的级别、资质或名实不符。

(4)无计划或超范围作业。

(5)施工准备工作不足。

(6)未接到列车调度员施工命令。

(7)施工配合、监督单位人员未到场。

(8)未按规定办理施工登记。

(9)施工登记内容与施工计划(含施工文、电)、运行揭示调度命令内容不符。

(10)新设备未取得准许进入国家铁路安装使用有效证明的。

(11)其他可能严重影响行车安全的情况。

10. 遇下列情况之一,需停工整顿:

(1)施工中发生事故。

(2)施工延时或扩大施工范围对运输造成严重影响。

(3)违章施工或与设计不符,造成将启用开通的行车设备不能正常使用或存在安全隐患。

(4)线路施工未按规定设置防护或减速(移动)信号牌。

(5)施工协调小组、安监、监理及运营、设备管理部门检查认为须停工整顿。

# 参考文献


[1]广铁运发〔2020〕53 号　广铁集团铁路营业线施工安全管理细则．

[2]广铁电发〔2018〕164 号　广铁集团电务系统铁路营业线施工安全管理实施细则(修订).

[3]广铁工发〔2015〕327 号　广铁集团工务安全管理实施细则．

[4]中国铁路总公司．TG/XH 101—2015　普速铁路信号维护规则．北京:中国铁道出版社,2015.

[5]中国铁路总公司．TG/XH 102—2015　高速铁路信号维护规则．北京:中国铁道出版社,2015.

[6]中国铁路总公司．TG/XH 106—2014　铁路通信维护规则.北京:中国铁道出版社,2014.

[7]中国铁路总公司．TG/XH 103—2015　铁路电务安全规则.北京:中国铁道出版社,2015.

[8]铁运总〔2019〕26 号　广铁铁路局管理标准、作业标准管理办法．

[9]广铁电发〔2013〕201 号　广铁集团电务安全"十项卡死制度".

[10]广铁运发〔2013〕129 号　广铁集团驻站(调度所)联络员、现场防护员及施工负责人联控办法(试行).

[11]广铁电函〔2014〕201 号　广铁集团电务系统劳动安全管理办法．

[12]广铁运发〔2018〕69 号　广铁集团运统-46 填记管理办法．

[13]广铁运函〔2014〕475 号　广铁集团电子运统-46 运用维护管理办法(试行).

[14]衡车技事项〔2018〕3 号　关于重新公布衡阳车务段《运统-46》样张的通知．

[15]长沙南站安发〔2017〕63 号　长沙南车站行车台账管理规定．

# 附录　练习题

## 一、填空题

1. 生产经营单位应当对从业人员进行安全生产教育和培训，未经安全生产教育和培训合格的从业人员，不得上岗作业。

2. 信号设备检修作业必须在“天窗”点内进行。

3. 联控人员范围包括联络员、现场防护员、施工负责人。

4. 作业过程中，驻站联络员与现场防护员必须保持通信畅通。一旦联控通信中断，施工负责人（现场防护员）应立即命令所有作业人员下道撤离至安全地点。

5. 现场作业人员有违章违纪行为时，现场防护员有权命令其立即停止工作，并向施工负责人（维修作业负责人）汇报。

6. 新建、扩建、大修和中修信号工程交付使用前，须对信号设备联锁关系必须进行彻底试验。

7. 在桥梁上、隧道内检修信号设备时，应设专人防护。严禁工具、材料侵入限界。

8. 在铁路线路安全保护区及其邻近区域建造或者设置的建筑物、构筑物、设备等，不得进入国家规定的铁路建筑限界。

9. 列车通过时，禁止在该股道两侧信号机上停留。不准人扛、手提笨重物品攀登信号机。

10. 作业中必须按规定着装，佩戴防护用品和正确使用防护用品，严格执行安全技术操作规程。

11. 生产安全的方针是坚持以人为本、安全发展、安全第一、预防为主、综合治理。

12. 邻近营业线的各类施工均应设置现场防护员。

13. 联络员、现场防护员、施工负责人配备性能良好的通信工具，应具备录音回放功能。公司管内统一使用录音笔作为联控作业过程进行实时录音。

14. 运统-46按用途分为:《行车设备施工登记簿》、《行车设备检查登记簿》、《轨道电路分路不良区段登记簿》。

15. 在电气化区段检查轨道电路时,当轨道变压器与扼流变压器的低压线圈断开之前,禁止切开其高压线圈回路。

16. 防护“三确认”是指确认对方姓名、确认对方听清 、确认(人员、机具)下道时间。

17. 处理故障的原则是:先防护、后处理,宁停勿擅。

18. 作业人员遇施工负责人未按规定安排防护、指派兼职防护员或不具备资格人员防护时,应拒绝出工。

19. 维修施工作业必须坚持一人作业、一人防护,多人作业、专人防护,一处一防护、多处多防护。

20. 各种施工必须按规定设置防护,未设好防护禁止开工。

21. 驻站防护员要携带当日施工方案、天窗修计划,于天窗开始前60 min在车站《行车设备施工登记簿》(运统-46)内按当日施工方案或维修计划所列项目、地点、时间及影响范围进行登记。

22. 填写运统-46时,必须使用钢笔、圆珠笔顶格填写,不得使用红色墨水。

23. 严禁防护员兼做与防护无关的事情。

24. 作业期间,联络员、现场防护员不得擅自离开工作岗位,不得中途临时调换。

25. 施工单位(设备管理单位)应建立驻站联络员的管理制度,加强对驻站联络员的日常管理。

26. 驻站联络员负责按规定办理运统-46登销记,负责联系和盯控各类工程机械车辆的开行,并详细记录。

27. 驻站联络员在班前必须同施工负责人、现场防护员核对钟表时分,施工时必须准确通报列车运行车次、预告时间、本站(邻站)开车时间、邻线列车运行及双线区段反方向列车运行等情况,相互复诵确认后,在登记簿上登记。

28. 设备管理单位应对施工单位在管内从事影响行车安全的施工,

须派出安全监督员到施工现场，对涉及行车安全的各方面实行全程监督检查。

29. 现场防护员当班时必须集中精力，认真瞭望，不得离岗和做与本职工作无关的事情。与驻站联络人员保持3～5 min通话一次。

30. 普速铁路和高速铁路并行时，普速铁路施工和维修作业必须与高速铁路做好物理隔离，进出栅栏门必须严格执行高速铁路登销记制度。

31. 驻站联络员、现场防护员、施工负责人(作业负责人)之间，执行实名确认呼唤应答制度。

32. 作业中必须按规定着装，佩戴防护用品和正确使用防护用品，严格执行安全技术操作规程。

33. 自接触网设备第一次受电开始，在未办理停电接地手续之前，所有单位、各部门及人员须按有电对待。

34. 室外作业人员上下工途中，联络员必须将列车运行情况及时通知防护员，保持不间断联系，确保作业人员上、下工途中人身安全。

35. 施工、检修作业必须事先报计划，经铁路局批准后按计划执行，严禁超范围施工。

36. 施工单位(设备管理单位)应派出经培训合格、具备任职资格的胜任人员担任驻站联络工作，并持证挂牌上岗。

37. 驻站联络员配备专用录音笔，录音笔严禁用作其他用途(如录歌、听歌等)和借给他人使用。

38. 运统-46应编写页码，严禁撕毁，使用完毕后保存一年。

39. 夜间作业时，应配有足够的照明设备。

40. 施工(维修)日计划因故临时取消时，施工单位得到取消通知后，应立即通知配合单位。

## 二、单选题

1. 联络员应做到“四清、三不、一及时”。“四清”是指：清楚行车动态，清楚人员分布、清楚工作内容、清楚影响范围；“三不”是指：(A)、不串岗、不慌乱；“一及时”是指：及时通知行车信息。

A. 不离岗　　B. 不接电话　　C. 不干私活　　D. 不开小差

2. 接到“排列进路”、“信号开放”信息，防护员要通知作业人员(A)本线和邻线设备箱盒，并监督作业人员停止作业。

A. 关闭　　B. 打开　　C. 检查　　D. 盯控

3. 同一区间综合利用天窗时，各施工(维修)单位(B)办理登记。

A. 随意在区间任一站分别　　B. 必须在同一车站同步

C. 分别在车站　　D. 在车站共同

4. 邻近营业线的各类施工均应设置(A)。

A. 现场防护员　B. 施工负责人　C. 联络员　　D. 安全员

5. 施工地点与防护人员间瞭望条件不良又无电话联系时，应增设中间(B)。

A. 电话　　B. 防护人员　　C. 无线对讲机　D. 信号旗

6. 共用施工天窗且为同一施工计划时，(A)负责运统-46填记，天窗共用各单位驻站联络员同时签名确认。

A. 主体施工单位驻站联络员　　B. 配合施工单位驻站联络员

C. 车站值班员　　D. 列车调度员

7. 现场防护员应保持通信畅通，随时(A)联络员的呼唤，及时向联络员、施工负责人报告情况，并按规定采取相关处置措施。

A. 应答　　B. 监听　　C. 中断　　D. 报告

8. 遇有能见度不足200 m的大雾、暴风雨(雪)、雷电密集、扬沙等恶劣天气时(B)上道作业。

A. 派出专人防护可以　　B. 禁止

C. 处理故障等特殊情况可以　D. 可以

9. 配合作业时，配合单位(A)作业主体单位填记的运统-46中办理登、销记签认手续。

A. 应在　　B. 随意在　　C. 不用在　　D. 禁止在

10. 室外作业人员上下工途中，联络员必须将列车运行情况及时通知防护员，保持不间断联系，确保作业人员上、下工途中(B)。

A. 劳动安全　B. 人身安全　C. 施工安全　D. 自身安全

11. 安全监督检查人员对施工单位违章作业、安全措施不落实以及(A)的施工，有权停止作业。

A. 危及行车安全　　B. 质量不合格

C. 未按规定施工　　D. 人员不足

12. 驻站联络员与现场防护员应至少每(B) min 联系一次。

A. 2～5　　B. 3～5　　C. 1～5　　D. 3～8

13. 施工(维修)日计划因故临时取消时,施工单位得到取消通知后,应立即通知(C)。

A. 施工负责人　B. 车站值班员　C. 配合单位　D. 单位领导

14. 各站段、车间须建立防护员台账,实行(A)管理。

A. 动态　　B. 静态　　C. 跟踪　　D. 定向

15. 故障处理完毕或检查完毕后,驻调度所(站)联络员必须在得到现场负责人通知所有人员(A)后,方可销记。

A. 均已撤离线路　　B. 停止工作后

C. 站在安全位置后　　D. 回到工区后

16. 铁路营业线施工是指影响营业线设备稳定、使用和(D)的各种施工作业,按组织方式、影响程度分为施工和维修两类。

A. 安全　　B. 行车　　C. 人身安全　　D. 行车安全

17. 施工地点与防护人员间瞭望条件不良又无电话联系时,应增设中间(B)。

A. 电话　　B. 防护人员　　C. 无线对讲机　D. 信号旗

18. 防护员要站在本线来车方向的路肩上或本线瞭望条件较好的位置面向来车方向防护,与作业人员保持(C) m 的距离。双线地段(线间距小于 10 m)禁止站在两线间防护。

A. 5～10　　B. 1～5　　C. 30 m 以内　　D. 10 以上

19. 确报信号,号角或喇叭吹(B)声。

A. 二长一短　　B. 一长二短　　C. 一长一短　　D. 一长三短

20. 驻站联络员在楼内须密切关注列车运行情况信息,及时向(B)传达列车运行情况,严禁在楼内高声喧哗、睡觉或干与工作无关的事情;驻站联络员严禁穿拖鞋上楼。

A. 工区　　B. 工地　　C. 安全员　　D. 车站值班员

21. 施工前,施工负责人应按审定的方案做好各项准备工作,确认信号备品、机具、材料齐全完好,安全关键岗位和配合人员已就位,封锁或慢行命令无差错,防护已(A),各项安全措施已落实,方可发布施工命令。

A. 设好　　B. 通知　　C. 布置　　D. 确报

22. 在区间或站内线路、道岔上封锁施工作业时，车站行车室设驻站联络员，施工地点设现场防护员。驻站联络员与车站值班员办理封锁施工手续，使用通信设备向现场防护员传达(C)，通报列车运行情况。施工现场负责人使用通信设备下达设置或撤除防护、开始或停止施工作业、下道避车等命令。

A. 段命令　　B. 施工负责人　　C. 调度命令　　D. 通知

23. 开工前，应有针对性的对全体全体人员(含劳务工)进行安全教育和技术交底。指派的防护员必须由经过培训考试合格的员工(A)。

A. 持证上岗　　B. 上岗　　C. 担任　　D. 持证

24. 安全监督员应持证上岗，对施工单位违章作业、安全措施不落实应及时制止，对危及行车安全的有权(D)。

A. 追究其领导责任　　B. 考核

C. 警告　　D. 停止其作业

25. 担任防护工作时，不得兼做施工员和其他工作，必须掌握列车运行时分，及时准确发出来车、下道信号，监督施工人员及时(B)。

A. 上道　　B. 下道　　C. 作业　　D. 避车

26. 现场防护员站位：应该站本线作业地点前方(C)且瞭望条件较好的位置。

A. 70 m　　B. 2～10 m　　C. 30 m 以内　　D. 30～50 m

27. 使用氧乙炔设备时，乙炔瓶与明火的距离不得小于 10 m，与氧气瓶间的距离不得小于(A) m。

A. 5　　B. 4　　C. 3　　D. 10

28. 在电气化区段作业时，发现接触网断线及其部件损坏或在其上挂有线头、绳索等物时，应距断线接地处(D)以外设置防护，严禁人员接近。

A. 2 m　　B. 4 m　　C. 5 m　　D. 10 m

29. 听觉信号重复鸣示时应间隔(C)s。

A. 3　　B. 4　　C. 5　　D. 6

30. 通知施工负责人及全体施工人员，列车已接近，应发(A)信号。

A. 警报　　B. 预报　　C. 停车　　D. 减速

31. 听觉信号中长声为(C)s。

A. 1　　B. 2　　C. 3　　D. 5

32. 施工及设备管理单位负责为联络员、现场防护员、施工负责人配备性能良好的通信工具,通信工具应具备(B)功能。

A. 录音　　B. 录音回放　　C. 回放

33. 联络员、现场防护员、施工负责人之间,执行(C)确认呼唤应答制度。

A. 记名　　B. 打点　　C. 实名　　D. 准确

34. 联络员及现场防护员必须参加作业前(A),清楚当次施工内容、作业地点、封锁范围、行车限制卡、停电单元、作业车运行径路等事项。

A. 预备会　　B. 碰头会

C. 协调会　　D. 施工方案讨论

35. 行车防护人员必须熟悉有关防护及(B)的使用方法及各种防护信号的显示方法。

A. 照明工具　　B. 通信工具　　C. 防护用品　　D. 防护备品

36. 按计划进行的施工和维修作业,填记(B)。

A.《行车设备检查登记簿》　　B.《行车设备施工登记簿》

C.《行车设备联合检查登记簿》　　D. 三个都要填写

37. 作业过程中,工具、仪表、材料等必须随手携带。不能随手携带时要放置在轨道旁(A)以远处,随取随用,使用完后及时放置到轨旁工具箱内。禁止随手随地放置工具材料。

A. 1 m　　B. 2 m　　C. 5 m　　D. 10 m

38. 工区应备有急救药箱,所有工作人员应掌握(B)作业伤害、触电和外伤处理知识。

A. 抢救　　B. 预防　　C. 消除　　D. 处理

39. 严禁在铁路线路上使用(C)接听、拨打电话、收发信息,或使用随身听等视听娱乐设备。

A. 对讲机　　B. 寻呼机

C. 手机　　D. 其他通信工具

40. 防护员必须站在安全、便于瞭望的列车运行、能监控并呼唤到所有(C)作业人员的位置。

A. 部分　B. 大部分　C. 全部　D. 施工

41. 纳入"邻近营业线施工安全监督计划"的项目施工时，设备管理单位应设置(A)。

A. 现场防护员及驻站联络员　B. 施工监督员

C. 驻站联络员　D. 工地防护员

## 三、多选题

1. 谁对生产经营单位的安全生产工作全面负责(A、B)。

A. 日常生产经营活动的最高负责人

B. 日常生产经营活动的直接指挥者

C. 段长

D. 车间主任

2. 从业人员发现事故隐患或者其他不安全因素，应当立即向现场(B、D)报告；接到报告的人员应当及时予以处理。

A. 段长　B. 安全管理人员

C. 车间主任　D. 本单位负责人

3. 驻站联络员在施工前必须同(B、C)核对钟表。

A. 施工领导　B. 施工负责人　C. 现场防护员　D. 车间主任

4. 信号显示制度有(A、B、D)三大类。

A. 速差式　B. 进路式　C. 三显示　D. 速度式

5. 常用的信号标志有(A、B、C、D)。

A. 警冲标　B. 司机鸣笛标　C. 预告标　D. 作业标

6. 防护人员的基本资格(A、B、C)。

A. 必须是正式职工(员工)

B. 必须经过专业培训，并取得合格证书

C. 必须身体健康、反应敏捷、语音清晰、责任心强、业务熟练(本岗位工作 2 年及以上)

D. 具备中专及其以上学历

7. 作业过程中，(A、B)必须保持通信畅通。一旦联控通信中断，施工负责人(现场防护员)应立即命令所有作业人员下道撤离至安全地点。

A. 联络员　　B. 与现场防护员

C. 与车站值班员　　D. 与列车调度员

8. 作业开始前，(A、B、C)须对通信工具进行检查，确认通信工具状态良好、电池电量满足作业期间的通信需求，并相互进行通话试验，确保通信畅通。

A. 联络员　　B. 现场防护员

C. 施工负责人　　D. 车站值班员

9. 各级人员下现场必须严格(A、C)统一指挥。

A. 执行安全规定　　B. 施工负责人

C. 服从现场防护人员　　D. 站段领导

10. (A、B)必须指派驻站联络员，在施工日计划指定的车站行车室办理驻站联络及施工登销记手续。主体施工单位驻站联络员负责运统-46登销记，天窗共用各单位驻站联络员同时签名确认。施工配合单位应按规定同时办理驻站联络及登销记手续。

A. 主体施工单位　　B. 天窗共用单位

C. 电务段　　D. 车站

11. 现场防护员应根据施工作业现场地形条件、(A、B)和机具布置等情况确定站位和移动路径，并做好自身防护。

A. 列车运行特点　　B. 作业人员

C. 工程单位人员　　D. 列车通过进路

12. 新职工及转岗、复工、改职人员必须经过(A、B、C、D)，方可上岗。

A. 行车安全　　B. 人身安全教育

C. 专业培训　　D. 考试合格

13. 运统-46填记时使用(A、B、C)顶格填写，字句间不留空格，字迹清晰、工整(可使用盖章方式)，不用栏不填写。

A. 黑色　　B. 或蓝色笔迹的钢笔

C. 圆珠笔　　D. 2B铅笔

14. 防护员必须由(A、B、C、D)、语音清晰、从事铁路工作满二年及以上的正式职工担任，班中必须精神饱满，持证上岗。

A. 安全教育培训　　　B. 考试合格
C. 责任心强　　　D. 身体健康

15. 天窗共用单位施工完毕后，其(A、B)施工负责人汇报。主体施工单位须确认天窗共用的各单位、各工点全部施工完毕后，方可办理施工销点手续。

A. 施工负责人　　　B. 必须及时向主体施工单位
C. 车站　　　D. 施工台

16. 行车工作必须坚持(A、B、C)的原则。

A. 集中领导　B. 统一指挥　C. 逐级负责　D. 半军事化

17. 当(A、B、C)等关键设备停用时，看守单位必须派人到现场监控。

A. 自动信号　　　B. 自动通知
C. 道口栏杆(栏门)　　　D. 自动门

18. 录音笔平时不使用的时候，放置在(A、B)。

A. 通风干燥处　　　B. 避免潮湿与阳光的暴晒
C. 阳光的暴晒　　　D. 统一由值班员保管

19. 班前充分休息，班前 6 h 和班中不得饮酒，严禁私自(A、B、C)。

A. 替班　B. 换班　C. 连续当班　D. 休班

20. 驻站联络员在楼内须密切关注列车运行情况信息，及时向工地传达列车运行情况，严禁在楼内(A、B、C)的事情。

A. 高声喧哗　　　B. 睡觉
C. 或干与工作无关　　　D. 汇报

21. 联控人员范围包括(A、B、C)。

A. 联络员　　　B. 现场防护员
C. 施工负责人　　　D. 作业人员

22. 生产经营单位具备安全生产条件是(A、D)

A. 具备安全生产法和有关法律、行政法规和国家标准或者行业标准规定的安全生产条件

B. 铁路法

C. 安全生产法

D. 不具备安全生产条件的，不得从事生产经营活动

23. 驻站防护员与工地防护员之间通话“三确认”制度是(A、B、C)。

A. 确认对方姓名　　　　　　　B. 确认对方听清

C. 确认(人员、机具)下道时间　D. 确认放行列车条件

24. 避车时,作业人员须距机场、车辆所在线路钢轨外侧(C)m 以上,特殊地段必须满足(D)m。

A. 5　　B. 10　　C. 3　　D. 2

25. 作业负责人应通过驻站联络员与车站值班员保持密切联系,设置好防护后方可作业。在作业过程中应密切注意来车,做好(A、D)等信号。

A. 预报　　B. 紧急　　C. 警告　　D. 确报

26. 天窗作业拍照上传人员的人身安全控制。天窗作业拍照人员必须站在安全地点进行拍照,严禁站在(A、B、C)以及道床边坡上进行。

A. 两线间　　B. 道心中　　C. 枕木头　　D. 屋顶上

27. 天窗点外及双线 V 型天窗须 3～5 min 通话一次;单线及双线垂直天窗,开始至天窗结束前 60 min,每 20 min 通话一次;距离天窗结束 60 min 时,第(A、B、D)、10、5 min 时各需通话一次,通报天窗剩余时间。

A. 60　　B. 30　　C. 40　　D. 20

28. 从业人员在作业过程中,应当严格遵守本单位的安全生产规章制度和(A、C、D)和使用劳动防护用品。

A. 操作规程　　B. 正确执行　　C. 服从管理　　D. 正确佩戴

29. 铁路安全管理坚持(A、B、C)的方针。

A. 安全第一　　B. 预防为主　　C. 综合治理　　D. 以人为本

30. 在铁路线路安全保护区及其邻近区域建造或者设置的(A、B、C)等,不得进入国家规定的铁路建筑限界。

A. 建筑物　　B. 构筑物　　C. 设备　　D. 树木

31. 禁止实施下列危及铁路通信、信号设施安全的行为(A、B、C、D)。

A. 在埋有地下光(电)缆设施的地面上方进行钻探,堆放重物、垃圾,焚烧物品,倾倒腐蚀性物质

B. 在地下光(电)缆两侧各 1 m 的范围内建造、搭建建筑物、构筑物等设施

C. 在地下光(电)缆两侧各1 m的范围内挖砂、取土

D. 在过河光(电)缆两侧各100 m的范围内挖砂、抛锚或者进行其他危及光(电)缆安全的作业

32. 遇下列情况之一,需停工整顿:(A、B、C、D)

A. 施工中发生事故

B. 施工延时或扩大施工范围对运输造成严重影响

C. 违章施工或与设计不符,造成将启用开通的行车设备不能正常使用或存在安全隐患

D. 线路施工未按规定设置防护或减速(移动)信号牌

33. 电务工作人员必须认真执行(A、B、C、D)四项基本安全制度。

A. 三不动　　B. 三不离

C. 三不放过　　D. 三级施工安全措施

34. 联络、防护应使用(A、B、C)。

A. 标准用语　B. 语言简明　C. 准确　D. 声音洪亮

35. 从业人员上岗前必须充分休息好,严禁班前、班中饮酒。严禁(A、B、C、D)。对视听不良、行动不变的人员,严禁单人作业和使用重点工、机具及担任防护员等工作。

A. 脱岗　B. 串岗　C. 私自替班　D. 换班

36. 从业人员上线工作时必须精力集中、严守两纪,认真执行安全检查(A、B),不准打闹、玩笑、阅读书报、接打手机和做与本岗工作无关的事情。

A. 确认制度　　B. 呼唤应答

C. 实名制度　　D. 劳动纪律制度

37. 在下列情况下,现场必须设专人防护:(A、B、C、D)

A. 在站(场)内进行设备检修或施工时

B. 在区间进行设备检修或施工时

C. 各级组织进行设备进行设备检查时

D. 电务段认为有必要设专人防护时

38. 现场防护员要掌握列和运行动态,坚持瞭望。接到来车通知或发现来车,提前正确显示信号,及时通知作业人员下道避车,并做到"三看":(A、B、C)。

A. 看作业人员是否下道完毕

B. 看使用的工具是否带到安全处所

C. 看机具、材料是否超限

D. 看施工是否符合要求

39. 高速区段，必须严格执行“天窗修”，严格落实(A、B)规定，未下达调度命令前，严禁进入栅栏内、严禁上道。

A. 施工不行车　　B. 行车不施工

C. 不准提前上道　　D. 统一行动

40. 横越线路时，须执行(A、B、C、D)的制度。禁止从车辆下部或车钩处通过。

A. 一站　　B. 二看　　C. 三确认　　D. 四通过

41. 信号机械室内，禁止吸烟、动火、禁止存放(A、B)。

A. 易燃材料　　B. 易爆物品　　C. 可燃气体　　D. 食品

## 四、判断题

1. 配合单位无法按期安排配合时，须在《配合通知书》上注明不能配合的原因，不需要施工单位协商另行择期安排。　(×)

2. 电务设备的地线必须连接牢固，接触良好，接地电阻应符合要求，信号人员工作时应确认地线接触良好。　(√)

3. 在道岔群作业时，应设专人防护，只按规定向车站联系，可不登记。　(×)

4. 高速铁路上道作业维修、检查、测试和施工作业都必安排在天窗时间内进行，没有调度命令不准上道。　(√)

5. 施工会议包括协调会、预备会、总结会和表彰会。　(×)

6. 设备管理单位的安全监督人员接到通知无故不到或晚到施工现场而影响施工的，要追究设备管理单位责任。　(√)

7. 违章作业是造成电务重大、大事故及险性事故的主要原因。(√)

8. 严禁代替行车人员按压按钮、转换道岔、检查进路、办理闭塞和开放信号。　(√)

9. 铁路营业线施工就是指在营业线上施工。　(×)

10. 铁路信号设备是组织指挥列车运行，保证行车安全，提高运输

效率，传递信息；改善行车人员劳动条件的关键设施，是铁路主要技术装备之一。（√）

11. 现场防护员必须按规定带齐防护备品，看情况决定设置防护。（×）

12. 除事故调查外，不得将在用的运统-46带离设置地点。（√）

13. 共用天窗进行施工时，各施工单位均在同一车站信号楼设驻站联络员。（√）

14. 车站信联闭设备施工后，必须封锁进行全面的联锁试验，确认联锁关系无误后方可开通使用，涉及列车进路使用的设备可利用列车间隔进行联锁试验。（×）

15. 现场防护员担任防护工作时，不得兼做施工员和其他工作，必须掌握列车运行时分，及时准确发出来车、下道信号，监督施工人员及时下道。（√）

16. 现场防护员在防护时，主要是掌握驻站联络员通报的信息。（×）

17. 实行天窗修必须坚持“行车不施工，施工不行车”的原则。（√）

18. 现场防护员要站在施工工地中央，以确保自身安全。（×）

19. 严禁代替行车人员按压按钮、转换道岔、检查进路、办理闭塞和开放信号。（√）

20. 驻站联络员与工地防护员之间传达防护信息，要准确及时。应严格做到不漏报、不迟报、不靠猜测乱报。（√）

21. 安全监督员应持证挂牌上岗，对施工单位施工情况实行全过程监督检查，督促施工单位落实安全责任制，并及时反馈安全信息。（√）

22. 施工前防护员应与驻站联络员取得联系，并相互核对当日施工项目、地点（里程、股道、道岔号、信号机号、供电柱号等）和准确及时向施工负责人转达驻站联络员发出的有关列车运行情况、调度命令和上级指令，并在专用登记本做好记录。（√）

23. 预报、确报有变化时，驻站防护员应向现场防护员发出变更通知。（√）

24. 车站对施工区间办理闭塞时，驻站联络员应立即向现场防护员发出预报；如系通过列车，则应提前一个车站（即邻站向本站发车时）发出预报。（√）

25. 如遇联络通信中断,列车运行信息不明时,应及时通知施工负责人中止施工作业并恢复线路放行列车条件,作业人员迅速下道。（√）

26. 安全监护员对施工作业的全过程监控要到位,必须做到施工不停止,监督检查不间断。（√）

27. 施工防护信号的设置与撤除,由驻站联络员决定。（×）

28. 联络员在施工结束时,办理完销记手续后,即可离开所在车站的行车室,下班回家。（×）

29. 集团营业线施工管理细则规定:施工登记内容不全或与施工计划、运行揭示调度命令内容不符,需停工整顿。（×）

30. 施工和维修作业前必须按规定设置防护员,在人手紧张的情况下,现场防护员可以临时调换。（×）

31. 运统-46 填记内容错漏时。不可圈掉错误内容或添加字句。（×）

32. 运统-46 一张表格填记不下时,可另起一张续填。（√）

33. 驻站联络员应及时了解和掌握列车运行情况,及时准确地用手机通知工地防护员(施工负责人),确保人身和行车安全。（×）

34. 施工、维修驻站联络员在作业的起止时间内不得离开行车室。（√）

35. 安全防护员在防护过程中如看见作业人手不够时,可以帮助他们干点力所能及的活。（×）

36. 共用天窗进行施工时,各施工单位均在同一车站信号楼设驻站联络员。（√）

37. 营业线施工实行国铁集团、铁路局、电务段分级管理,逐级审批制度。（×）

38. 设备管理单位的安全监督人员接到通知无故不到或晚到施工现场而影响施工的,要追究设备管理单位责任。（√）

39. 联络员使用 GSM-R 手机防护联络时,不得开启免提通话功能。（×）

40. 填记运统-46 时,施工维修的申请登记内容可以涂改,由联络员在更改处加盖红色私人名章就可以了。（×）